BEI GRIN MACHT SICH IHR WISSEN BEZAHLT

- Wir veröffentlichen Ihre Hausarbeit,
  Bachelor- und Masterarbeit

- Ihr eigenes eBook und Buch -
  weltweit in allen wichtigen Shops

- Verdienen Sie an jedem Verkauf

Jetzt bei www.GRIN.com hochladen
und kostenlos publizieren

Jonas Kirstein

„Bitte oszillieren Sie" – Zwischen Protest und Reflexionen zur Kunst.

Eine literaturwissenschaftliche Analyse ausgewählter Songtexte der Musikgruppe Tocotronic

GRIN Verlag

Bibliografische Information der Deutschen Nationalbibliothek:

Die Deutsche Bibliothek verzeichnet diese Publikation in der Deutschen National-
bibliografie; detaillierte bibliografische Daten sind im Internet über http://dnb.d-
nb.de/ abrufbar.

Impressum:

Copyright © 2011 GRIN Verlag GmbH
Druck und Bindung: Books on Demand GmbH, Norderstedt Germany
ISBN: 978-3-640-98089-5

Dieses Buch bei GRIN:

http://www.grin.com/de/e-book/176675/bitte-oszillieren-sie-zwischen-protest-und-
reflexionen-zur-kunst

GRIN - Your knowledge has value

Der GRIN Verlag publiziert seit 1998 wissenschaftliche Arbeiten von Studenten, Hochschullehrern und anderen Akademikern als eBook und gedrucktes Buch. Die Verlagswebsite www.grin.com ist die ideale Plattform zur Veröffentlichung von Hausarbeiten, Abschlussarbeiten, wissenschaftlichen Aufsätzen, Dissertationen und Fachbüchern.

Besuchen Sie uns im Internet:

http://www.grin.com/

http://www.facebook.com/grincom

http://www.twitter.com/grin_com

„Bitte oszillieren Sie" – Zwischen Protest und Reflexionen zur Kunst. Eine literaturwissenschaftliche Analyse ausgewählter Songtexte der Musikgruppe Tocotronic

Schriftliche Hausarbeit zur Erlangung des Grades

eines Magister Artium (M.A.)

der Philosophischen Fakultät

der Christian-Albrechts-Universität

zu Kiel

vorgelegt von

Jonas Kirstein

Kiel

12.01.2011

Inhaltsverzeichnis

2

1. Einleitung

Tocotronic gelten gemeinhin als die „angry young men des deutschen Indie-Pop" und als „Musterknaben"[1] der sogenannten Hamburger Schule, eine musikalisch-künstlerische Bewegung, die sich durch gesellschaftskritische und diskursiv-reflexive Songtexte auszeichnet.[2] Tocotronic verbinden in ihren Songtexten Protestbekundungen mit Reflexionen zur Kunst im Allgemeinen, als auch mit Reflexionen zur Popmusik im Speziellen. Dieses permanente Reflektieren ist auf eine besondere popkulturelle Konstellation zurückzuführen, wie der Sänger und Texter von Tocotronic, Dirk von Lowtzow, in einem Interview der Online-Ausgabe des *Tagesspiegel* erläutert:

> „Wir stießen in ein interessantes Vakuum. Grunge war als letzte große Rock-Mythologie bereits verpufft. Unsere Rolle als Nachzügler fiel in eine Zeit, die Rockmusik illusionslos als überkommene Erzählung wahrnahm. Dem konnte man nur mit Hilfe von Metaebenen und ironischen Brechungen begegnen."[3]

Die Aussage Dirk von Lowtzows, welche anlässlich der Veröffentlichung des aktuellen Musikalbums *Schall & Wahn*[4] getätigt wurde, ist überaus aufschlussreich. Von Lowtzow offenbart ein reflexives, kulturelles Bewusstsein, benennt zugleich wesentliche Charakteristika der Songtexte von Tocotronic und liefert implizit einen entscheidenden Rezeptionshinweis. Das Zitat bedarf jedoch zunächst einiger kontextueller Erklärungen. Der Begriff Grunge (engl.: Dreck) bezeichnet eine amerikanische Jugendbewegung, die sich vorwiegend über eine spezifische, alternative Stilrichtung der Rockmusik artikulierte. Diese verstand sich als eine stilistische Gegenbewegung zum Establishment der Musikindustrie. Die musikalische Bewegung des Grunge hatte seine nur kurze Hochphase Mitte/Ende der 1980er bis Anfang der 1990er Jahre. Ursachen für die rebellierende, jugendkulturelle und musikalische Gegenbewegung waren die Orientierungslosigkeit und Desillusionierung der amerikanischen Jugend, der sogenannten Generation X, die in der politischen Ära eines Ronald Reagan zunehmend mit Arbeitslosigkeit, Armut

---

[1] Zitiert nach dem Online-Musikmagazin *Laut.de*: <http://www.laut.de/Tocotronic>. Datum des Zugriffs: 14.08.2010. Mit dem Begriff des deutschen Indie-Pop sind musikalische Independent-Künstler gemeint, die ökonomisch und ästhetisch weitestgehend autonom agieren.

[2] Die sogenannte Hamburger Schule bildete sich in den 80er Jahren in Hamburg heraus. Anfang bis Mitte der 1990er Jahre hatte sie ihre Hochphase und sie wirkt bis heute nach. Tocotronic gelten gemeinhin als ein Vertreter der späten Hamburger Schule. Im entsprechenden Kapitel zur Hamburger Schule erfolgen genauere Ausführungen.

[3] Vgl. das Interview auf der Internetseite des *Tagesspiegel*: <http://www.tagesspiegel.de/kultur/pop/ich-muss-mich-vom-internet-fernhalten-aus-selbstschutz/1666412.html>. Datum des Zugriffs: 17.08.2010.

[4] Tocotronic: CD *Schall und Wahn*, Vertigo 2010.

und Perspektivlosigkeit konfrontiert wurde. Diese Umstände führten zu einer Auflehnung gegen die „Anpassung und Schönfärberei des ‚Hochglanzzeitalters' der Jahre zuvor"[5] und mündete in einen künstlerisch produktiven Protest. Entgegen der aufrührerischen, offen aggressiv propagierten Parolen und Slogans des Punk war die Artikulation alltäglicher, subjektiver Frustration, Resignation und Verdrossenheit das signifikante Merkmal der musikalischen Stilrichtung. Der Grunge als kulturelles Phänomen ist unweigerlich mit dem Namen Kurt Cobain, seiner 1987 gegründeten Band Nirvana und dem amerikanischen Musikstandort Seattle verbunden. Der Selbstmord Kurt Cobains im April 1994 und die nachfolgende Auflösung der Band Nirvana gelten gemeinhin als Ende des bis dato ungemein populär gewordenen Subgenres. Indessen zeichnete sich das Ende des Grunge als musikalische Gegenbewegung aufgrund einer massenmedialen Vereinnahmung bereits ein Jahr zuvor ab. Denn Grunge und sein immanentes emphatisches Versprechen von distinkter, subkultureller Dissidenz[6] verlor durch die Kommerzialisierung zunehmend an Ausstrahlungskraft und Authentizität.[7] Spätestens nach dem Suizid Cobains – viele in Seattle ansässige Bands lösten sich desgleichen auf, und das mediale Interesse ließ stark nach – „verpufft[e]" der Grunge. Daher, so die Annahme[8], bezeichnet Dirk von Lowtzow den Grunge „als letzte große Rock-Mythologie".[9] Das Zitat impliziert jedoch auch, dass der Grunge dennoch fähig war, als „Erzählung" zu funktionieren und eine bedeutungsvolle und ernstzunehmende Stimme zu erheben. Diese Funktion konnte die nachkommende Rockmusik nicht mehr ihr Eigen nennen und

---

[5] Christoph Jacke: Die millionenschweren Verweigerer. Anti-Starkult in der Darstellung ausgesuchter Printmedien. Eine exemplarische Inhaltsanalyse. Münster 1996, S. 41.

[6] Der Begriff der Dissidenz bezeichnet im künstlerischen Kontext symbolische und praktische Handlungsformen, die in Opposition zum Gesellschaftssystem und in Reaktion auf soziale und politische Missstände erfolgen. Vgl. Diedrich Diederichsen: Subversion - Kalte Strategie und heiße Differenz. In: ders.: Freiheit macht arm. Das Leben nach Rock'n'Roll 1990-93. Köln 1993, S. 33-52, S. 34.

[7] Vgl. Christoph Jacke: Die millionenschweren Verweigerer, S. 41 ff.

[8] Die Annahme wird durch ein weiteres Interview der Online-Ausgabe der *TAZ* mit Dirk von Lowtzow und Arne Zank, ein weiteres Mitglied der Band Tocotronic, gestützt: „Zank: Als wir angefangen haben, war der Grunge gerade sprichwörtlich gestorben und endgültig kommerzialisiert, und wir dachten: ‚Eigentlich kommen wir zu spät.' Wir sind früh vergreist, sozusagen. Von Lowtzow: So haben wir ja auch schon Punk oder Hardcore kennengelernt, als schöne Leichen. Vielleicht rührt ja daher unsere Obsession für Meta-Ebenen oder parodistische Brechungen. Da kommt die Macke her, glaube ich." Vgl. das Interview auf der Internetseite der *TAZ*: <http://www.taz.de/1/archiv/digitaz/artikel/?ressort=ku&dig=2010/01/16/a0037&cHash=eeaa8bae68> Datum des Zugriffs: 17.08.2010.

[9] Die Begriffsverwendung „Rock-Mythologie", verstanden als Alltagsmythos einer Jugend- und Gegenkultur, erfolgt augenscheinlich in Anlehnung an Roland Barthes. Vgl. Roland Barthes: Mythen des Alltags. Aus dem Franz. von Helmut Scheffel. 1. Aufl., Frankfurt am Main 1993.

wurde von Dirk von Lowtzow und seinen Bandmitgliedern Jan Müller und Arne Zank[10] daher lediglich „illusionslos als überkommene Erzählung" wahrgenommen.[11] Der Protestsong[12], seine Funktion als „Erzählung" des Rock, hat ausgedient, da Grunge und das Aufbegehren, der Versuch der Verwirklichung des Mythos Rock als gegenkultureller Entwurf, letztendlich gescheitert ist. Mit dem „Vakuum" ist also die Zeit nach dem Ende des Grunge gemeint, in der die Rockmusik ihre dissidente Funktion verloren und sie sich neu zu positionieren hatte. Zu eben dieser Zeit gründeten sich Tocotronic, sprich 1993. Da Rockmusik eben nicht mehr auf einer authentischen und ernstlichen erzählerischen Ebene funktionierte, war es Tocotronic als Band – das ist die zentrale Aussage – nur möglich auf „Metaebenen" und mit „ironischen Brechungen" zu arbeiten. Um die Verwendung metatextueller und ironischer Verfahrensweisen speziell im Kontext des erläuterten musikalischen Subgenres des Grunge einleitend zu verdeutlichen, seien Zeilen des Songtextes „Wir sind hier nicht in Seattle, Dirk"[13] vom Debütalbum Tocotronics zitiert. Der Songtext reflektiert die Bedingungen deutscher Rockmusik angesichts führender musikalischer, anglo-amerikanischer Paradigmen – eben die des Grunge – und weist auf die Überwindung beziehungsweise Loslösung von diesen hin. Zudem impliziert der Text eine Abgrenzung vom Mythos Rock auf eine für Tocotronic charakteristische, selbstreflexiv-analytische Art und Weise:

> Und ich bin alleine / und hab' kein Vertrauen / und kann Melodien klauen / und sie sagt zu mir / Wir sind hier nicht in Seattle, Dirk / und werden es auch niemals sein / Wir sind hier nicht in Seattle, Dirk / Was bildest du dir ein / Was nicht ist kann niemals sein / Ich spring' über meinen Schatten"[14]

Was anhand der wenigen Textzeilen deutlich wird, ist ein reflexiver Umgang mit der eigenen Identität und der Verortung im gegenkulturellen Kontext des Rock beziehungsweise des Grunge, der durch einen metatextuellen und leicht selbstironischen Subtext zum Ausdruck gebracht wird. Der Song beziehungsweise der Songtext dient Tocotronic, wie hier angedeutet, als ein Medium für Reflexionen, als eine öffentliche

---

[10] 2005 kam Rick McPhail als viertes, festes Bandmitglied hinzu.

[11] Diese Aussage impliziert zudem eine, so ist zu unterstellen, durchaus bewusst formulierte Rekurrenz auf Jean François Lyotards These vom Ende der großen Erzählungen. Vgl. Jean François Lyotard: Das postmoderne Wissen. Ein Bericht. Aus dem Französischen von Otto Pfersmann. Hg. von Peter Engelmann. 3., unveränderte Neuauflage. Wien 1994.

[12] Der Begriff Protestsong bezeichnet ein politisches Lied, das sich mit sozialen und politischen Themen auseinandersetzt und sich gegen bestehende Herrschaftsstrukturen und Missstände auflehnt. Dem Protestsong wird somit im allgemeinen eine dissidente Funktion zugesprochen.

[13] Tocotronic: Wir sind hier nicht in Seattle, Dirk. Auf: CD *Digital ist besser*, L'Age D'Or 1995.

[14] Tocotronic: Wir sind hier nicht in Seattle, Dirk. Auf: CD *Digital ist besser*, L'Age D'Or 1995.

Plattform für Diskurse.[15] Diese Reflexionen und Diskurse sind jedoch nur eine Facette der Songtexte von Tocotronic, denn Tocotronic wurden in ihren früheren Tagen als die deutsche Antwort auf den Grunge und somit vorwiegend als Protestband rezipiert, daher auch die einleitende Beschreibung Tocotronics als die „angry young men".

Das Forschungsinteresse der hier vorliegenden Arbeit, um es auf einen prägnanten Punkt zu bringen, besteht in der literaturwissenschaftlichen Analyse der Songtexte Tocotronics hinsichtlich der Protestbekundungen und der eingenommenen gegenkulturellen Haltungen auf der einen Seite und der Reflexionen zur Kunst auf der anderen. Die Fragestellung der vorliegenden Arbeit lautet konkret: Welche Protestbekundungen und gegenkulturelle Haltungen und welche Reflexionen zur Kunst beziehungsweise zur Popmusik sind in den Songtexten zu finden und durch welche Stilmittel werden diese literarisch produktiv gemacht?

Im Mittelpunkt der Betrachtung stehen ausgewählte, repräsentative Songtexte der Konzeptalben[16] „Pure Vernunft darf niemals siegen"[17], Kapitulation[18] und Schall und Wahn[19]. Die Arbeitshypothese bezüglich der zu analysierenden Songtexte dieser drei Musikalben, in Rekurrenz auf die einleitend zitierte Aussage Dirk von Lowtzows, lautet, dass die Songtexte Tocotronics nicht dem klassischen Schema eines Protestsongs folgen[20], sprich als „überkommene Erzählungen des Rock", fungieren. Vielmehr ist den Songtexten, beispielsweise mittels der Verwendung von Metaebenen und ironischen Brechungen, eine reflexive und diskursive Eigenheit immanent, welche, um mit

---

[15] Wohlwissend um den inflationären Gebrauch des Begriffs des Diskurses und seiner vielfach unterschiedlichen Verwendung sei an dieser Stelle die Definition des Literaturwissenschaftlers Michael Titzmann genannt. Titzmann versteht unter einem Diskurs ein „System des Denkens und Argumentierens", welches durch einen gemeinsamen „Redegegenstand", durch „Regularitäten der Rede" und durch „Relationen zu anderen Diskursen" determiniert ist. Vgl. Michael Titzmann: Skizze einer integrativen Literaturgeschichte und ihres Ortes in einer Systematik der Literaturwissenschaft. In: ders.: Modelle des literarischen Strukturwandels. Tübingen 1991, S. 395-438, S. 406.

[16] Als Konzeptalbum wird ein musikalisches Gesamtwerk in Form eines Musikalbums verstanden, dessen Songs einem übergeordneten Konzept folgen und somit in einem thematischen, textlichen und/oder instrumentalen Zusammenhang stehen. Tocotronic verstanden sich prinzipiell schon immer als methodisch und konzeptuell arbeitende Band.

[17] Tocotronic: CD Pure Vernunft darf niemals siegen, L'Age D'Or 2005.

[18] Tocotronic: CD Kapitulation, Universal 2007.

[19] Tocotronic: CD Schall und Wahn, Vertigo 2010.

[20] Im speziell deutschen Kontext ist die Band Ton Steine Scherben als klassische Protestband auszumachen. Das klassische Schema des Protestsongs der Ton Steine Scherben besteht unter anderem in der klaren Benennung eines Feindes, der überdeutlich ausformulierten Gesellschafts- und Sozialkritik und dem Aufruf zum aktiven Widerstand beziehungsweise zur gesellschaftlichen Revolution.

einer Textzeile Tocotronics zu sprechen, „Hinein in einen Wald aus Zeichen"[21] führt. Hinter diesem durchaus semiotisch zu deutenden „Wald aus Zeichen" verbergen sich ersten Schlussfolgerungen nach unter anderem Reflexionen über die kritischen Artikulationsmöglichkeiten eines Songs beziehungsweise eines Songtextes.[22] Vor dem Hintergrund des gescheiterten jugendkulturellen Protests des Grunge und wie sich noch zeigen wird auch der Hamburger Schule, scheinen Tocotronic daran interessiert zu sein, eine neue popmusikalische Form der Kritik, der Dissidenz – neben der Liebe beziehungsweise Sex das ureigenste Thema des Rock beziehungsweise Pop – auszuarbeiten und reflexiv auszuhandeln. In der Ausbildung dieser Kultur der Kritik liegt das Erkenntnisinteresse und die wissenschaftliche und gesellschaftliche Relevanz dieser Arbeit. Denn Tocotronic werden entgegen früheren Zeiten, in denen sie nur einem Szenepublikum bekannt waren, inzwischen von einer breiten Masse rezipiert und die Veröffentlichung ihrer letzten drei Musikalben, die hier im Fokus stehen, wurde von einem breiten medialen Echo begleitet. Tocotronic spielen demnach eine nicht zu unterschätzende Rolle im gesellschaftlichen Alltag.[23] Die Songtexte von Tocotronic sind aufgrund ihrer reflexiven und diskursiven Ausrichtung für eine literaturwissenschaftliche Analyse überaus geeignet, ungeachtet des häufigen Insistierens Dirk von Lowtzows auf Susan Sontags Forderung „Against Interpretation"[24] und der wiederholten Betonung in Interviews, dass er sich als Texter der Band selbst nicht als Dichter oder Autor im eigentlichen Sinne betrachtet, dessen Werk einer Analyse oder Interpretation bedarf.[25] Letztere Aussage wird

---

[21] Tocotronic: Hi Freaks. Auf: CD *Tocotronic*, L'Age D'Or 2002.

[22] Diese These wird von dem Literaturwissenschaftler Ole Petras gestützt. Vgl. Ole Petras: Dialektik der Auflösung. Zu den Idiomen der Kritik im deutschsprachigen Independent. In: Kulturen der Kritik. Mediale Gegenwartsbeschreibungen zwischen Pop und Protest. Dresden 2010, im Erscheinen.

[23] Das Musikalbum *Pure Vernunft darf niemals siegen* war 2005 insgesamt achtzehn Wochen in den deutschen Albumcharts zu finden, davon zwei Wochen auf Platz drei, *Kapitulation* 2007 zehn Wochen, davon eine Woche auf Platz drei und *Schall & Wahn* 2010 sieben Wochen, davon eine Woche auf Platz eins. Vgl. die Chart-Platzierungen der jeweiligen Musikalben auf der Internetseite des Musikinformationsanbieters *Musicline*: <http://www.musicline.de>. Datum des Zugriffs: 20.08.2010.

[24] Vgl. Susan Sontag: Gegen Interpretation. In: dies.: Kunst und Antikunst. 24 exemplarische Analysen. Frankfurt am Main 1982, S. 11-22. Dirk von Lowtzow zieht in verschiedenen Interviews Sontags Forderung heran, wenn es um die Interpretation der Songtexte von Tocotronic geht, beispielsweise in einem Interview der Online-Ausgabe des *Spiegel*: „Wie Susan Sontag würde ich die Interpretation als geeignetes Werkzeug, um Texte zu erfassen, ohnehin in Frage stellen." Vgl. das Interview auf der Internetseite des *Spiegel*: <http://www.spiegel.de/kultur/musik/0,1518,673245,00.html>. Datum des Zugriffs: 21.08.2010.

[25] In einem Interview der Online-Ausgabe der *TAZ* spricht sich Dirk von Lowtzow desgleichen gegen die Interpretation im Allgemeinen als auch gegen die Interpretation seiner Texte aus: „In Deutschland ist das wichtigste Werkzeug zur Erschließung eines Textes die Interpretation. [...] Aber ich lehne dieses Werkzeug total ab. Es ist doch einfach interessanter zu kucken: Wie ist die Struktur von Text,

allein durch die Tatsache konterkariert, dass Dirk von Lowtzow als ausgewiesener Autor und Herausgeber 2007 eine Art Lyrikband veröffentlicht hat, der Songtexte von Tocotronic sowie Abbildungen beziehungsweise Fotographien von Kunstwerken befreundeter Künstler beinhaltet, was regelrecht als eine Aufforderung zu einer Analyse oder Interpretation zu deuten ist.[26]

2. Grundlagen zur Songtextanalyse

2.1 Zur Problematik der Songtextanalyse in der Literaturwissenschaft

Die Analyse eines popmusikalischen Werkes beziehungsweise die von Songs und Songtexten ist kein genuiner Teil literaturwissenschaftlicher Forschung, obwohl die literaturhistorische Verwandtschaft, in der griechischen Antike gar Gleichsetzung von Lied und Gedicht belegt ist.[27] So weist die englische Bezeichnung *lyric* noch auf die Verwandtschaft von Songtext und Lyrik hin. Ferner existieren offenkundige Gemeinsamkeiten zwischen Songtext und Gedicht was beispielsweise das typographische Erscheinungsbild, die verwendeten rhetorischen Figuren, die topologische Bildlichkeit, die Mehrfachcodierung der Sprache, die Autoreflexivität oder auch intertextuelle Bezüge betrifft. Dennoch gibt es in der Literaturwissenschaft Vorbehalte, Songtexte als Lyrik zu betrachten und dementsprechend zu analysieren. Die Vorbehalte fußen auf einer prototypischen Auffassung von beiden Textsorten, die in scheinbarer Opposition zueinander stehen. Wohingegen das Gedicht als ein autonomes Kunstwerk und als überzeitlicher Ausdruck eines Subjekts angesehen wird, gilt der Songtext gemeinhin als Teil eines Gesamtkunstwerks und als ein zeittypischer Ausdruck eines Kollektivs. Das Gedicht vermittelt ästhetisch gestaltete Empfindungen mit dem Fokus auf dem Signifikant, während der Songtext Empfindungen unmittelbar artikuliert und somit auf das Signifikat zielt.

---

was setzt das in mir frei? Die Grundidee von Interpretation ist aber: Da gibt's etwas, was der Künstler uns sagen will, aber irgendwie verklausuliert er das, und die Aufgabe ist jetzt, diese Metaphern wieder zu entdröseln. Mit dieser Methode kommt man aber oft überhaupt nicht weit." Vgl. das Interview auf der Internetseite der *TAZ*: <http://www.taz.de/?id=archiv&dig=2007/07/03/a0011>. Datum des Zugriffs: 21.08.2010.

[26] Vgl. Dirk von Lowtzow with Cosima von Bonin, Sergej Jensen, Michael Krebber, Henrik Olesen: Dekade 1993-2007. Köln 2007. Im folgenden wird jedoch vom Songtext von Tocotronic die Rede sein, obwohl Dirk von Lowtzow das ausgewiesene Subjekt hinter den Texten ist, weil Tocotronic insbesondere in früheren Tagen stets die kollektive Autorschaft betonten und in den Liner Notes aller Musikalben die Songtexte ohne Ausnahme der Musikgruppe Tocotronic, sprich allen Mitgliedern der Band zugesprochen werden.

[27] Vgl. Dieter Burdorf: Einführung in die Gedichtanalyse. Stuttgart 1995, S. 2 ff.

8

Darüber hinaus kann die Form eines Gedichtes aus einem umfangreichen Formenreservoir ausgewählt werden. Die Form eines Songtextes ist dagegen kulturindustriell bedingt zum großen Teil vorgegeben. Außerdem entspringt das Gedicht dem Paradigma der (deutschsprachigen) Lyrik und setzt betreffs einer Analyse beziehungsweise Interpretation ein hochkulturelles Wissen und eine klassisch-humanistische Bildung voraus. Das Paradigma eines modernen Songtextes ist das des englischsprachigen Rock beziehungsweise Pop und erfordert dementsprechend ein popkulturelles Wissen.[28] Solch eine prototypische Gegenüberstellung spricht dem Songtext im Allgemeinen eine poetische Qualität ab, und es wird gemeinhin übersehen, dass die genannten Charakteristika respektive Kriterien eines Gedichts durchaus auch auf einen Songtext zutreffen können beziehungsweise der Songtext diese erfüllen kann, obgleich dies zweifelsohne bei einem Großteil der modernen Songtexte nicht der Fall ist. Daher ist sich die rare einschlägige Literatur, die sich mit der literaturwissenschaftlichen Analyse von Songtexten auseinandersetzt, prinzipiell weitestgehend darin einig, dass Popsongs beziehungsweise Songtexte als „moderne Massenlyrik"[29] aufzufassen sind und Songtexte im Grunde die meistrezipierte Lyrik der heutigen Zeit darstellen.

Dennoch ist eine literaturwissenschaftliche Songtextanalyse mit außerordentlichen, methodischen Problemen verbunden, mit denen sich der Forschende auseinandersetzen muss. In diesem Zusammenhang benennt der Literaturwissenschaftler Peter Burdorf einen Hauptgrund für das insgesamt zu konstatierende Forschungsdefizit: „die Unsicherheit gegenüber dem komplexen Phänomen der musikalischen Subkulturen"[30]. Die Unsicherheit von der Burdorf spricht, resultiere aus der Feststellung, dass Songtexte „nur in interdisziplinärer Zusammenarbeit mit Musikwissenschaft und Jugendsoziologie"[31] angemessen zu erfassen seien. Die Hürde einer interdisziplinären Vorgehensweise führe dazu, dass die Analyse von Songtexten nicht zum Kanon der Literaturwissenschaft zähle.[32] Burdorf spricht damit zwei zentrale Probleme der literaturwissenschaftlichen Auseinandersetzungen mit Songtexten an: die Berücksichtigung der Musik als sol-

---

[28] Vgl. Martin Rehfeldt: Von Lyrics zu Lyrik. Möglichkeiten und Konsequenzen einer Gattungstransformation am Beispiel von Dirk von Lowtzows Lyrikband Dekade 1993-2007. In: Transitträume. Beiträge zur deutschsprachigen Gegenwartsliteratur. Hg. Andreas Bartl. Augsburg 2009, S. 149-198, S. 149 ff.
[29] Werner Faulstich: Rock – Pop – Beat – Folk. Grundlagen der Textmusik-Analyse. Tübingen 1978, S. 62.
[30] Burdorf: Einführung in die Gedichtanalyse, S. 27.
[31] Ebd.
[32] Was auch gegenwärtig, sprich fünfzehn Jahre nach Burdorfs Feststellung, nach wie vor der Fall ist.

che, sprich die instrumentalen und stimmlichen Elemente und den soziokulturellen Kontext der „musikalischen Subkulturen". Letzteres methodisches Problem kann dahingehend revidiert werden, als dass die Bezugnahme eines relevanten Kontextes als Bestandteil der Analyse eines Werkes der Literaturwissenschaft prinzipiell nicht fremd ist, verfügt sie doch über literatursoziologische und kulturwissenschaftlich orientierte Ansätze, welche die gesellschaftlichen und kulturellen Bedingungen der Produktion, Distribution und Rezeption von Literatur beziehungsweise die übergreifenden kulturgeschichtlichen Zusammenhänge erfassen können. Bei der Analyse von Songtexten ist der relevante Hintergrund zwar ein speziell musikalischer beziehungsweise popkultureller[33], der aber dennoch durch eine kulturwissenschaftliche Herangehensweise erschlossen werden kann. Der Literaturwissenschaftler Moritz Baßler bemerkt im Zusammenhang allgemeiner Textanalysen, es gebe „keine Texte ohne Kontexte, oder anders gesagt: Weil Texte eine paradigmatische Achse haben, sind sie nicht anders lesbar als vor dem Hintergrund einer Kultur"[34]. Der soziokulturelle Kontext muss bei einer Analyse folglich zwingend berücksichtigt werden.

Das zweite von Burdorf benannte Problem betrifft die instrumentale und stimmliche Komposition. Die instrumentalen Aspekte, die eine eigene Semantik besitzen, müssen mit dem gesungenen Songtext in Beziehung gesetzt und bei der Gesamtanalyse eines Songs berücksichtigt werden.[35] Desgleichen ist die stimmliche Komposition von Bedeutung, weil die Stimme respektive der Tonfall des Sängers beispielsweise besondere Betonungen zum Ausdruck bringen und einher Bedeutungsverschiebungen erzeugen kann, die als solche im gedruckten Songtext, sofern dieser überhaupt in schriftlicher Form, zum Beispiel abgedruckt im Beiheft der CD, dem Booklet, vorliegt, nicht erkennbar sind.[36] Moritz Baßler zufolge ist der Primärtext eines Songs die Studioaufnahme[37]. Daher müsse das gesungene beziehungsweise aufgenommene Wort Grundlage der Analyse sein.

---

[33] Vgl. Moritz Baßler: Watch out for the American subtitles! Zur Analyse deutschsprachiger Popmusik vor angelsächsischem Paradigma. In: Pop-Literatur. Ed. Text + Kritik. Hg. von Heinz Ludwig Arnold. München 2003, S. 279-292.

[34] Moritz Baßler: Texte und Kontexte. In: Handbuch Literaturwissenschaft, Bd. 1: Gegenstände und Grundbegriffe. Hg. von Thomas Anz. Stuttgart 2007, S. 355-370, S. 364.

[35] Michael Walter (Hg.): Text und Musik. Neue Perspektiven der Theorie. München 1992, S. 246.

[36] Vgl. Peter Urban: Rollende Worte – die Poesie des Rock. Von der Straßenballade zum Pop-Song. Eine wissenschaftliche Analyse der Pop-Song-Texte. Frankfurt am Main 1979, S. 85.

[37] Baßler: Watch out for the American subtitles!, S. 280.

Ein letzter Punkt, der hier angesprochen werden soll, betrifft den performativen[38] Aspekt einer Musikgruppe: die spielerische Inszenierung. Damit ist nicht die konkrete Präsentation eines jeden Songs vor Publikum, etwa bei Konzerten, gemeint, dessen Berücksichtigung beispielsweise Dahl und Dürkob fordern[39] – das würde in einer literaturwissenschaftlichen Analyse eindeutig den Rahmen sprengen und wäre ohnehin nur schwer realisierbar – sondern das von der Musikgruppe generelle inszenierte Konzept, das Image und der Habitus einer Musikgruppe, sind in kulturwissenschaftlicher Annäherung mit einzubeziehen.

Generell, so lässt sich konstatieren, wird die Songtextanalyse vom Musikjournalismus übernommen und verlässt somit den Bereich der Wissenschaftlichkeit, da eben seitens der Literaturwissenschaft die Bereitschaft fehlt, sich der Songtextanalyse anzunehmen. Diese Konstellation gilt es aufzubrechen. Doch damit die literaturwissenschaftliche Erforschung von Songtexten zu zuverlässigen Ergebnissen gelangen kann, besteht zusammenfassend die Notwendigkeit einer kulturwissenschaftlichen und soziologischen und mit Abstrichen einer musikwissenschaftlichen Öffnung der philologischen Perspektive der Literaturwissenschaft.

2.2 Zum Forschungsstand literaturwissenschaftlicher Songtextanalysen

2.2.1 Allgemeiner Forschungsstand

Bislang muss der Forschungsstand als defizitär bezeichnet werden, was im vorherigen Kapitel bereits anklang. Die literaturwissenschaftliche Erforschung von Songtexten bildet sich erst in den letzten Jahren als wissenschaftliche Disziplin heraus, und es existieren bislang nur wenige dezidiert ausgearbeitete, wissenschaftliche Untersuchungen.[40] Als ein erster Versuch im deutschsprachigen Raum gilt gemeinhin Peter Urbans Arbeit

---

[38] Der Begriff des Performativen soll den ludischen, sprich spielerischen und symbolisch-expressiven Aufführungs-, Darstellungs- und Inszenierungscharakter einer Musikgruppe hervorheben. Zum allgemeinen Begriff des Performativen beziehungsweise zum sogenannten performative turn in den Kulturwissenschaften als wissenschaftliche Perspektive, die ihren Fokus auf performative Handlungen legt, vgl. Doris Bachmann-Medick: Cultural Turns: Neuorientierungen in den Kulturwissenschaften. Reinbek 2006, S. 104-142.

[39] Vgl. Erhard Dahl u. Carsten Dürkob (Hg.): Rock-Lyrik. Exemplarische Analysen englischsprachiger Song-Texte. Essen 1989, S. 10.

[40] Das folgende Resümee von bisher erbrachten Forschungsleistungen erhebt keinen Anspruch auf Vollständigkeit. Es seien lediglich die wichtigsten, exemplarischen Beispiele literaturwissenschaftlicher Analysen herangezogen, um eine gewisse Tendenz in der Forschung aufzuzeigen. Musikwissenschaftliche Arbeiten, von denen inzwischen eine Vielzahl existiert, werden daher nicht berücksichtigt.

„Rollende Worte – die Poesie des Rock"[41] von 1979. In dieser Untersuchung beschäftigt sich Urban mit englischsprachigen Rocksongs und fragt nach den zentralen inhaltlichen Motiven sowie nach den rhetorischen Stilmitteln. Ähnlich agieren die von Erhard Dahl und Carsten Dürkob 1989 herausgegebenen „Analysen englischsprachiger Song-Texte"[42]. Auch hier stehen englischsprachige Songtexte im Fokus, und es werden Interpretationsansätze zu verschiedenen Songs aufgezeigt.

Nach diesen ersten, richtungsweisenden Analysen lag die literaturwissenschaftliche Forschung im deutschsprachigen Raum lange Zeit förmlich brach. Erst in den letzten Jahren ist eine Tendenz zur Erschließung des Forschungsfeldes erkennbar. In einem Essay von 2003 geht es Moritz Baßler[43] um die Legitimierung der literaturwissenschaftlichen Analyse deutschsprachiger Popsongs beziehungsweise deutschsprachiger Songtexte, da sich diese unter anderem durch die musikalischen Strömungen des Punk, des New Wave, der Neuen Deutschen Welle und der Hamburger Schule von anglo-amerikanischen Pop-Paradigmen lösen und eine eigene Identität mittels deutscher Sprache herausbilden konnten. Dennoch bleibe der deutsche Popsong in der anglo-amerikanischen Popkultur verhaftet, so dass bei einer Analyse der entsprechende paradigmatische Hintergrund berücksichtigt werden müsse. Wie solch eine Analyse, die den popkulturellen, anglo-amerikanischen Hintergrund berücksichtigt, aussehen kann, zeigt Baßler in einer intermedial gehaltenen Studie zum Song „Stripped" der deutschen Musikgruppe Rammstein.[44] Der Beitrag Baßlers wurde 2005 in einem Heft der „Mitteilungen des Deutschen Germanistenverbandes" veröffentlicht. In diesem Heft finden sich weitere Aufsätze zum Thema Popsong aus literaturwissenschaftlicher Perspektive. Katja Mellman etwa geht dem Motiv des Heldentums in den Songtexten der Neuen Deutschen Welle nach[45], während Sascha Verlan beispielsweise die Vermittlung von Nachrichten in Rap-Texten analysiert.[46] Diese Beiträge zeigen, dass sich die Songtextanalyse zunehmend etabliert.

---

[41] Vgl. Urban: Rollende Worte - die Poesie des Rock.

[42] Vgl. Dahl u. Dürkob: Rock-Lyrik.

[43] Vgl. Baßler: Watch out for the American subtitles!, S.279-292.

[44] Vgl. Moritz Baßler: Rammsteins Cover-Version von Stripped. Eine Fallstudie zur deutschen Markierung angelsächsischer Popmusik. In: Mitteilungen des Deutschen Germanistenverbandes 52 (2005), Heft 2: Songs. Hg. von Eric Achermann u. Guido Naschert. S. 218-232.

[45] Katja Mellmann: Helden aus der Spielzeugkiste. Zu einem Motiv in den Texten der Neuen Deutschen Welle. In: ebd., S. 254-275.

[46] Sascha Verlan: SchlagZeilen – PunchLines. Vermittlung von Nachrichten in Rap-Texten. In: ebd., S. 286-297.

Im Zuge dieser Tendenz sind aktuell zwei Dissertationen nennenswert, die sich dezidiert mit der Methodik der Analyse von Songtexten aus literaturwissenschaftlicher Perspektive unter Einbeziehung kulturwissenschaftlicher und musikwissenschaftlicher Ansätze beschäftigen. Beide Dissertationsschriften konnten bei Fertigstellung dieser Arbeit allerdings nicht berücksichtigt, sollen dennoch zumindest erwähnt werden. Der Literaturwissenschaftler Christian Stiegler reichte 2009 an der Universität Wien seine Dissertation „Nur ein Wort. Methode zur Analyse von Songtexten und Überblick über ihre literarische Entwicklung in deutschsprachiger Popmusik"[47] ein. Gegenwärtig ist die Dissertation jedoch weder in deutschen Bibliotheken, noch im Buchhandel verfügbar.

Ole Petras arbeitet zur Zeit an einer ähnlichen Dissertation, die voraussichtlich im Mai 2011 veröffentlicht wird. Sein Dissertationsvorhaben trägt laut eigenen Angaben den Titel: „Wie Popmusik bedeutet. Methodische Grundlagen popmusikalischer Zeichenverwendung." Obwohl ein Zugriff auf die Ergebnisse beider Arbeiten nicht möglich war, lassen beide Dissertationsschriften eine überaus wichtige Tendenz in der literaturwissenschaftlichen Auseinandersetzungen mit Songtexten erkennen. Die Literaturwissenschaft signalisiert inzwischen die Bereitschaft, ein interdisziplinäres und intermediales, methodisches Instrumentarium für die Songtextanalyse herauszuarbeiten.

Auffallend an weiteren Forschungsarbeiten aus jüngster Zeit ist die Tatsache, dass die Songtexte von Künstlern aus dem Umfeld der musikalischen Bewegung der Hamburger Schule vermehrt Gegenstand der Untersuchungen sind, was zweifellos Rückschlüsse auf den literaturwissenschaftlichen Wert dieser Songtexte zulässt.[48] Gegenwärtig bereitet Till Huber beispielsweise ein Promotionsprojekt mit dem Titel „Der Diskurs-Pop der 'Hamburger Schule' im Kontext der deutschsprachigen Popmusik" vor. Sein Hauptaugenmerk gilt unter anderem der Diskursivität der Songtexte und den textimmanenten Reflexionen über Pop.[49] Lars Germann nahm sich 2009 Songtexte der Musikgruppe

---

[47] Christian Stiegler: Nur ein Wort. Methode zur Analyse von Songtexten und Überblick über ihre literarische Entwicklung in deutschsprachiger Popmusik. Wien 2009.

[48] Eine Ausnahme in der jüngeren Forschung ist die veröffentlichte Magisterarbeit von Rafael Schreiber von 2008 über die Songtexte der Musikgruppe Ton Steine Scherben. Vgl. Rafael Schreiber: Lyrik zwischen Liebe und Politik. Der Rocksong bei Ton Steine Scherben – eine Analyse. Hamburg 2008.

[49] Vgl. das Abstract zu seinem Dissertationsvorhaben auf der Internetseite der Uni Münster: <http://www.uni-muenster.de/Practices-of-Literature/Organisation/huber.html>. Datum des Zugriffs: 04.09.2010. Diesbezüglich verfolgt die hier vorliegende Arbeit, wie einleitend dargelegt, ein vergleichbares Forschungsinteresse.

Blumfeld zum Anlass, eine Magisterarbeit zu verfassen.[50] Germanns intermedial gehaltene Analyse konzentriert sich auf die thematisch-inhaltlichen Schwerpunkte zweier Musikalben von Blumfeld, unter Einbeziehung der musikalischen Aspekte.

2.2.2 Forschungsstand zum Thema Tocotronic

Entsprechend der soeben dargelegten thematischen Präferenz der Forschung sind auch Tocotronic als Vertreter der späten Hamburger Schule in den Fokus einiger Betrachtungen gerückt. Neben einigen Erwähnungen in verschiedenen Forschungsbeiträgen, insbesondere bei Baßler, auf welche die Arbeit im Verlauf der Analyse Bezug nehmen wird beziehungsweise schon Bezug genommen hat, existieren drei umfangreicher angelegte Ausarbeitungen. 2007 legte Björn Fischer eine inzwischen veröffentlichte Magisterarbeit vor, die sich mit frühen Songtexten der drei Musikgruppen Die Sterne, Blumfeld und Tocotronic auseinandersetzt.[51] Die intermedial angelegte Arbeit nimmt im Zuge ihrer Ausführungen ausgiebig auf den musikalischen und subkulturellen Kontext der Musikgruppen Bezug. So wird im ersten Abschnitt die Hamburger Schule und ihre Geschichte ausführlich beleuchtet. Danach rekapituliert Fischer zu den jeweiligen Musikgruppen die Bandgeschichte, die elementaren musikalischen und lyrischen Einflüsse und die textuelle Arbeitsweise. Was die inhaltliche Analyse der Songtexte von Tocotronic anbelangt, konzentriert sich Fischer auf die zentralen Motive und Themen früherer Songtexte von Tocotronic (1995-1999) und erörtert deren Rezeption.[52] Dabei greift Fischer verschiedene Textzeilen von Songtexten auf und bringt sie in einen Zusammenhang, umso allgemeine Ergebnisse formulieren zu können, aber ohne dabei in die Tiefe zu gehen. Das ist darauf zurückzuführen, dass sich Fischer eben mit gleich drei Musikgruppen und dementsprechend mit einer Vielzahl an Musikalben und entsprechenden Songtexten beschäftigt. Zum Beispiel benennt Fischer zwar an manchen Stellen die diskursiven und reflexiven Elemente der Songtexte von Tocotronic, er geht aber auf sie nur marginal ein, obwohl sie ein Hauptmerkmal der Songtexte von Tocotronic sind.

---

[50] Vgl. Lars Germann: „Eine eigene Geschichte" – Frühe Songtexte der Hamburger Diskurspop-Gruppe Blumfeld aus literaturwissenschaftlicher Sicht. Aachen 2009.
[51] Vgl. Björn Fischer: Die Lyrik der späten Hamburger Schule (1992-1999) – Eine intermediale Untersuchung. München/Ravensburg 2007.
[52] Auf die Ergebnisse Fischers wird die Arbeit im Kapitel „Analysekontext" teilweise eingehen.

Eine zweite Arbeit zu Tocotronic ist die von Martin Rehfeldt. In seinem Beitrag „Von Lyrics zu Lyrik. Möglichkeiten und Konsequenzen einer Gattungstransformation am Beispiel von Dirk von Lowtzows Lyrikband „Dekade 1993-2007"[53] zeigt Rehfeldt dem Titel entsprechend die Möglichkeiten einer literaturwissenschaftlichen Analyse von Songtexten auf. Als exemplarische Beispiele dienen Rehfeldt vorwiegend frühe Songtexte von Tocotronic beziehungsweise von Dirk von Lowtzow. Rehfeldt analysiert die ausgewählten Songtexte, indem er gleichermaßen die popkulturellen als auch hochkulturellen textuellen Bezüge herausarbeitet. So weist Rehfeldt nach, dass ein Songtext, von dem gemeinhin angenommen werde, er stünde lediglich in einer popkulturellen Tradition, ebenso fruchtbar einer hochkulturellen Lektüre unterzogen werden kann.

Eine letzte, nennenswerte Arbeit ist die von Ole Petras. Er beschäftigt sich in seinem Aufsatz „Dialektik der Auflösung. Zu den Idiomen der Kritik im deutschsprachigen Independent"[54] hauptsächlich mit Tocotronics Album *Schall & Wahn*, sowie mit Jochen Distelmeyers[55] Soloalbum *Heavy*[56]. Petras formuliert die These, dass Tocotronic unter dem Deckmantel des Protestsongs und mittels der Verwendung von Versatzstücken der Protestkultur in ihren Songtexten vorwiegend die Kunst als solche und deren sinnstiftende Funktion thematisieren. Die Songtexte tarnen sich als überaus relevante, politische Kundgebungen. Durch das vielfach angewandte textliche Verfahren der Auslöschung eines konsistenten Sinns weisen die suggerierten politischen Implikationen der Songtexte jedoch keinerlei Bedeutung mehr auf. Die Arbeit Petras ist von entscheidender Bedeutung für die vorliegende Magisterarbeit, da sie, wie in der Einleitung angemerkt, das diskursive und reflexive Potenzial der Songtexte von Tocotronic erkennt und darüber hinaus die zentrale Arbeitshypothese dieser Arbeit stützt.[57]

Außer den drei genannten Forschungsbeiträgen existiert bisher keine umfangreichere literaturwissenschaftliche Arbeit, die sich ausschließlich und dezidiert mit Tocotronic und deren neueren Songtexten befasst. Die vorliegende Arbeit versteht sich daher als ein erkenntnisbringender, vertiefender Beitrag zur Untersuchung dieses Forschungsgegenstandes.

---

[53] Rehfeldt: Von Lyrics zu Lyrik.
[54] Petras: Dialektik der Auflösung, im Erscheinen.
[55] Jochen Distelmeyer ist der ehemalige Sänger und Texter der Musikgruppe Blumfeld, die sich 2007 auflöste.
[56] Jochen Distelmeyer: CD *Heavy*, Columbia/Sony 2009.
[57] Weitere Ergebnisse der Arbeit von Petras werden im Verlauf der Analyse herangezogen.

2.3 Zur methodischen Vorgehensweise dieser Arbeit

Wie aus den bisherigen Ausführungen bereits hervorgegangen ist, liegt der Schwerpunkt der vorliegenden Arbeit auf einer literaturwissenschaftlichen Analyse ausgewählter, repräsentativer Songtexte von Tocotronic. In Anbetracht der geschilderten Problematik einer literaturwissenschaftlichen Analyse von Songtexten und aufbauend auf den bisher erbrachten Forschungsleistungen ergibt sich nachfolgender Aufbau und nachfolgende Methodik.

Der erste Abschnitt des Hauptteils der Analyse, zusammengefasst unter dem Unterkapitel „Analysekontext", beginnt mit kulturwissenschaftlich orientierten Betrachtungen zur musikalischen Bewegung der Hamburger Schule. Bevor sich die Arbeit ausschließlich der Analyse der Songtexte von Tocotronic widmet, muss das subkulturelle Milieu dem Tocotronic zur Zeit ihrer Entstehung zugeordnet wurden, zwingend dargelegt werden, da das Umfeld der Hamburger Schule Tocotronic grundlegend prägte.

Im zweiten Abschnitt des ersten Kapitels erfolgen Informationen zum musikalischen Werdegang Tocotronics und eine Darlegung der bis 2002 veröffentlichten Musikalben. In diesem Abschnitt werden neben der Einordnung des musikalischen Stils auch die elementaren musikalischen und lyrischen Einflüsse, die zentralen Motive und Themen früherer Songtexte, sowie die Rezeption in den Medien dokumentiert.

Im nächsten Abschnitt erfolgt eine wiederum kulturwissenschaftlich orientierte Beschreibung des von Tocotronic inszenierten, performativen, selbstironischen Bandkonzepts, auf das die Band seit ihrer Entstehung zurückgreift.

Als letzte Vorbereitung für die Analyse ausgewählter Songtexte der drei Musikalben *Pure Vernunft darf niemals siegen*, *Kapitulation* und *Schall & Wahn* werden im nächsten Schritt einige frühere, Songtexte beziehungsweise Songs herangezogen, um auf die vier wesentlichen, stilistischen Konstituenten der Texte Tocotronics hinzuweisen: Reflexion, Ironie, Subversion, Intertextualität. Dieser Schritt ist notwendig, da auch die neueren Songtexte wesentlich durch diese stilistischen Elemente geprägt sind. Der Begriff der Reflexion meint spezielle Gedankengänge und Überlegungen zur Popmusik und zur Pop-Lyrik, als auch allgemeine zur Kunst, die in den Songtexten von Tocotronic, oft in Form eines metatextuellen Kommentars, zu finden sind. Unter dem Begriff der Ironie wird zum einen die klassische rhetorische Figur – A sagen und B meinen – verstanden, im Zuge dessen die intendierte Aussage rekonstruierbar bleibt, zum anderen umfasst der Begriff der Ironie auch selbstironische Aspekte, sprich, dass die eigene Rolle oder dargelegte Meinung von Tocotronic beziehungsweise vom lyrischen Ich auf spielerische Weise persifliert, relativiert oder kritisch hinterfragt wird. Außerdem sind gerade in den späteren Songtexten Tendenzen zur romantischen Ironie festzuhalten, dessen wesentliche Kennzeichen die „Positionslosigkeit als Außerkraftsetzung jeglicher Positionen"[58] und die „Selbstschöpfung und Selbstvernichtung"[59] sind.

Unter Subversion ist eine teilweise sozio-politisch motivierte, künstlerische Strategie zu verstehen, die in irgendeiner Form einen bestehenden Konsens oder bestehende Strukturen in der Gesellschaft unterwandert und darauf zielt, eben diese zu verändern.[60] Der Begriff Intertextualität bezeichnet vor allem Bezüge zu anderen literarischen Texten, die mittels Anspielungen oder Zitaten hergestellt werden. Die intertextuellen Bezüge sind insgesamt von enormer Wichtigkeit, da sich die eingenommene, gegenkulturelle Haltung des lyrischen Ichs häufig über die hinzugezogenen Texte konstituiert und die Songtexte Tocotronics oft auch nur durch eine genauere Analyse der intertextuellen Bezüge interpretatorisch erschlossen werden können. Nur vor dem Hintergrund des Diskurs-Rock der Hamburger Schule, der Bandbiographie, des grundlegenden Bandkonzepts und der signifikanten Textcharakteristik sind die späteren Songtexte von Tocotronic analytisch fassbar, denn diese Komponenten bilden im Sinne Erving Goffmans einen primären Rahmen, welcher die späteren Songtexte präkonfiguriert und somit einen essentiellen Verständigungshintergrund, einen Analysekontext für die Analyse der Songtexte liefert.[61] Die Arbeit folgt in diesem einführenden Kapitel gewissermaßen der Auffassung Baßlers, dass kein Text ohne Kontext erfasst werden kann.[62]

Die nächsten drei Unterkapitel bilden die Hauptanalysen der ausgewählten Songtexte. Die Analyse der Songtexte der Musikalben *Pure Vernunft darf niemals siegen*, *Kapitulation* und *Schall & Wahn* beginnt jeweils mit einleitenden Ausführungen. In diesen Vorbemerkungen soll ein erster Nachweis über die konzeptuelle, inhaltliche Geschlossenheit des Gesamtwerkes erbracht und auf dessen Wirkungsweise eingegangen wer-

---

[58] Hans-Jost Frey: Über das Spiel. In: ders.: Der unendliche Text. Frankfurt am Main 1990, S. 263-294, S. 273.

[59] Friedrich Schlegel: 51. Athenäum-Fragment. In: Ders.: *Kritische Ausgabe*. Hg. von Ernst Behler. Zweiter Band: *Charakteristiken und Kritiken I (1796-1801)*. Hg. von Hans Eichner, München u.a. 1967, S. 172.

[60] Eine genauere Erläuterung der subversiven Elemente erfolgt in den entsprechenden Analysen der Songtexte.

[61] Vgl. Erving Goffman: Rahmenanalyse. Frankfurt am Main 1977, S. 31 ff.

[62] Baßler: Texte und Kontexte, S. 364 f.

den. Außerdem wird die jeweilige Rezeption der Musikalben in den Medien angerissen. Dann erfolgt die eigentliche Analyse, in dessen Zuge ausgewählte, repräsentative Songtexte der drei genannten Musikalben betrachtet werden. Eine beschränkende und beispielhafte Auswahl an Songtexten ist von daher nötig, als dass eine ausführliche Analyse aller Songtexte der drei Musikalben den Rahmen der hier vorliegenden Arbeit sprengen würde. Alle drei Musikalben müssen in der Arbeit jedoch in repräsentativer Form berücksichtigt werden, da sich die einleitend erwähnte Ausbildung einer neuen Form der Kritik in allen drei Alben nachweisen lässt. Darüber hinaus findet keine Gesamtanalyse statt. Das heißt zum einen, dass nicht der Song, sondern der Songtext im Mittelpunkt der Betrachtungen steht und somit nicht alle musikalischen und stimmlichen Elemente berücksichtigt werden. Zum anderen wird auch nicht der komplette Songtext analysiert[63] – die Songtexte sind ohnehin nicht vollends dechiffrierbar – sondern die Arbeit konzentriert sich auf die erwähnten, stilistischen Konstituenten und auf die für das Textverständnis wesentliche Textzeilen.[64] Grundlage der Analyse ist im Sinne Baßlers die Aufnahme des jeweiligen Songtextes. Als zu analysierendes Kunstwerk gilt für die Betrachtungen die jeweilige Erstveröffentlichung der genannten Musikalben als Audio-CD, inklusive der Booklets. Im Falle von Tocotronic ist die Definition des Kunstwerks von daher bedeutend, als dass die genannten Musikalben zusätzlich als eine *Limited Edition* beziehungsweise *Special Edition* veröffentlicht wurden, bei denen der gedruckte Songtext im Booklet teilweise vom gesungenen Text abweicht, da die erneuerte Druckfassung abgeändert wurde.

Während der Analyse der Songtexte wird in Form von kleinen, eingeschobenen Exkursen auf beispielsweise zu erläuternde, kunstgeschichtliche oder philosophische Kontexte eingegangen. Des Weiteren werden Paratexte in die Analyse mit einbezogen.[65] Als Paratexte sind im weitesten Sinne die Albumcover, die Booklets und die Liner Notes der entsprechenden Musikalben, als auch die offiziell veröffentlichten Musikvideos zu Singleauskopplungen zu verstehen. Außerdem zieht die Arbeit an verschieden Stellen Aussagen in Interviews der Bandmitglieder heran, welche die vorliegende Lesart unterstützen.

---

[63] Eine Gesamtanalyse würde beinhalten, dass der komplette Songtext formal und inhaltlich untersucht wird. Eine solche Analyse bliebe aufgrund des Umfangs etwa einer Doktorarbeit vorbehalten.

[64] Die vollständigen Songtexte sind im Anhang zu finden.

[65] Zum Begriff des Paratextes vgl. Gérard Genette: Paratexte: Das Buch vom Beiwerk des Buches. Aus dem Franz. von Dieter Hornig. Mit einem Vorwort von Harald Weinrich. Frankfurt am Main 1989.

Das vorletzte Unterkapitel „Zwischen Protest und Reflexionen zur Kunst – Resultate der Analyse" führt die Ergebnisse der Einzel-Analysen zusammen und ergänzt die Ergebnisse, unter Bezugnahme von Überlegungen des Kulturwissenschaftlers Diedrich Diederichsen und des Literarturwissenschaftlers Thomas Ernst, um weitere Erkenntnisse.

In dem abschließenden Kapitel „Zusammenfassung und Fazit" werden die gesamten Forschungsergebnisse der Arbeit zusammengefasst und in den Kontext bisheriger Forschung eingeordnet, die eigene methodische Vorgehensweise kritisch hinterfragt und weitere Ansätze zur Analyse des Songtexte von Tocotronic dargelegt. Ferner erfolgt ein kurzer Blick auf andere Künstler beziehungsweise Künstlergruppen, welche einen ähnlichen konzeptionellen Ansatz wie Tocotronic verfolgen und sich daher für weitere Erforschungen aus literaturwissenschaftlicher Perspektive empfehlen.

3. Analyse ausgewählter Songtexte der Musikgruppe Tocotronic

3.1 Analysekontext

3.1.1 Der Diskurs-Rock der Hamburger Schule

Der Begriff der sogenannten Hamburger Schule, in Anlehnung an die Frankfurter Schule, benennt eine deutsche Rock-Pop-Musik-Bewegung, die ihre Anfänge in den 1980er Jahren und ihre Hochphase in den frühen 1990er Jahren hatte.[66] Formal kann zwischen der frühen und der späteren Hamburger Schule unterschieden werden. Zu den wichtigsten Vertretern der frühen Hamburger Schule zählten unter anderen die Bands Die Antwort, Kolossale Jugend, Die goldenen Zitronen, Cpt. Kirk &., Huah! oder Ostzonensuppenwürfelmachenkrebs. Die spätere Hamburger Schule war vorwiegend durch die drei Bands Blumfeld, Die Sterne und Tocotronic geprägt.[67] Diese in Hamburg ansässigen Bands knüpften an die emanzipatorischen und agitatorischen Stilrichtungen

---

[66] Die Entstehung beziehungsweise die erstmalige Verwendung des Begriffs der „Hamburger Schule" wird historisch im Allgemeinen dem damaligen TAZ-Journalisten Thomas Groß zugeschrieben, welcher diesen Begriff anlässlich zweier nahezu gleichzeitiger, musikalischer Veröffentlichungen der Hamburger Bands Cpt. Kirk &. und Blumfeld im Jahre 1992 aufgrund ihres diskursiven Potentials in Analogie zur Frankfurter Schule verwendet haben soll. Thomas Groß verneint jedoch die erstmalige Verwendung. Eine abschließende Klärung zur Herkunft des Begriffs konnte bislang nicht erfolgen. Vgl. Fischer: Die Lyrik der späten Hamburger Schule, S. 11 f. Des Weiteren wurde der Begriff der Hamburger Schule von den entsprechenden Vertretern kritisch betrachtet, da er eine abzulehnende, verallgemeinernde Etikettierung beziehungsweise Kategorisierung implizierte. Vgl. ebd., S. 12.

[67] Für eine genauere Betrachtung der Geschichte der „Hamburger Schule", der Vorbedingungen und des musikalischen Spektrums vgl. ebd., S. 14-24.

des Punk, des New Wave und der Neuen Deutschen Welle an und gestalteten ihre Songtexte in zweierlei Hinsicht diskursiv.[68] Einerseits diente das Medium der Popmusik dazu, sich reflektiert und kritisch mit der Politik und der Gesellschaft auseinanderzusetzen. In diesem Sinne war die Schaffung eines realpolitischen Bewusstseins und eine aufgeklärte und humanistische Ausrichtung der Anspruch an die Songtexte.[69] Andererseits wurde der Popsong als solcher auf einer Metaebene reflektiert beziehungsweise das reflexive Potential eines Songs aufgezeigt. So wurden auf theoretisch-diskursiver Ebene kontextuelle Themen wie die spezifischen Bedingungen der deutschen Popmusik, die deutsche Sprache, Autorschaft und Identität als auch die Auswirkungen von der Kulturindustrie und der Postmoderne reflexiv ausgehandelt.[70] Daher wurde das musikalische und textliche Schaffen der Hamburger Schule auch als Diskurs-Rock oder Diskurs-Pop bezeichnet.[71]

Neben den gesellschaftskritischen und (selbst)reflexiven Elementen lassen sich weitere signifikante Stilmittel in den Songtexten der Hamburger Schule festhalten. Dazu zählen ein hoher Grad an Intertextualität und Intermedialität, hergestellt durch die häufige Verwendung von Zitaten beziehungsweise Verweisen auf popkulturelle Werke, als auch auf Werke der hohen Literatur oder der Philosophie, insbesondere auf die des Poststrukturalismus beziehungsweise der Postmoderne um beispielsweise Michel Foucault, Gilles Deleuze und Jean François Lyotard oder auf die der kritischen Theorie der Frankfurter Schule. Bezüglich der Vermengung von Pop-Verweisen und Verweisen auf die hohe Kunst spricht der Literaturwissenschaftler Sascha Seiler von einer „Demokratie der Zeichen"[72] und einer „Positionierung des Popsongs in einem grenzüberschreitenden Diskurs"[73], da mittels eklektizistischer Verfahrensweisen zeitgenössische Diskurse in die Songtextproduktion mit einflossen. Die Vertreter der Hamburger Schule griffen dabei auf eine „intellektualisierte und mit Szene-Codes

---

[68] Die im folgenden genannten Merkmale der Songtexte der Hamburger Schule lassen sich größtenteils auch in den Songtexten von Tocotronic wiederfinden, was darauf zurückzuführen ist, dass sich die herangezogene Literatur bei der Herausarbeitung der Kennzeichen der Hamburger Schule teilweise auf Tocotronic bezieht, da die Musikgruppe eng mit dem Terminus Hamburger Schule verbunden ist.

[69] Vgl. Martin Büsser: Popmusik. 2. Aufl., Hamburg 2002, S. 84.

[70] Vgl. Lars Germann: „Eine eigene Geschichte", S. 37.

[71] Vgl. Büsser: Popmusik, S. 84. Die Bezeichnungen Diskurs-Rock oder Diskurs-Pop wurden von den Vertretern der Hamburger Schule im Gegensatz zum Begriff der Hamburger Schule im Übrigen als zutreffender empfunden. Vgl. Fischer: Die Lyrik der späten Hamburger Schule, S.12 f.

[72] Sascha Seiler: „Das einzig wahre Abschreiben der Welt". Pop-Diskurse in der deutschen Literatur nach 1960. Göttingen 2006, S. 273.

[73] Ebd., S. 272.

durchsetzte Sprache"[74] zurück.[75] Die generellen Einflüsse der Hamburger Schule sind vorwiegend linksliberalen Ursprungs. Während die frühe Hamburger Schule teilweise durch einen an den Punk orientierten Sprachgestus mitsamt provokativen Parolen oder Schlagwörtern aus dem marxistischen Themenbereich sowie mit konkreten Ansichten zu tagespolitischen Themen auf sich aufmerksam machte, formulierten die Musiker der späten Hamburger Schule in ihren Songtexten größtenteils jedoch keine eindeutigen Stellungnahmen zum tagespolitischen Geschehen.[76] Die Songtexte der späten Hamburger Schule waren daher zunehmend entpolitisiert beziehungsweise wurde eine Politisierung des Privaten vollzogen.[77] Die Entpolitisierung ist dadurch zu begründen, dass die frühen Vertreter der Hamburger Schule nach dem „Ende der Geschichte"[78], dem Ende des Kalten Krieges und dem Mauerfall sowie dem Triumph des Kapitalismus über den Sozialismus Anfang der 1990er Jahre mit ihrer drastischen Kritik am Kapitalismus, an der Begeisterung über die Wende und an einer aufkommenden Deutschtümelei scheiterten.[79] Aus linkspolitischer Sicht erforderte die neue politische Ordnung ihrerseits neue, diskursive Ansätze im generellen Umgang mit gesellschaftlichen und politischen Themen. Die klassischen, linksgeprägten Protestsongs respektive Arbeiterlieder hatten mittlerweile längst ausgedient, und im Mittelpunkt des neueren Diskurses stand das „gefährdete Subjekt", welches sich zwischen „Individualismus und Konformismus"[80] zurecht zu finden hatte. Die Songtexte waren daher von einer starken Ich-Subjektivierung geprägt.[81] Die dennoch

---

[74] Büsser: Popmusik, S. 85.

[75] Die genannten Merkmale der Songtexte der Hamburger Schule erinnern teilweise an den Musikjournalismus der sogenannten Pop-Linke, die sich in den 80er Jahren um Diedrich Diederichsen herausbildete. Zum Musikjournalismus vgl. Dierck Wittenberg: Die Mühlen des Rock und die Diskurse des Pop. In: Popjournalismus. Hg. von Jochen Bonz, Michael Büscher u. Johannes Springer. Mainz 2005, S. 22-34. Darüber hinaus ist in den 90er Jahren ein enges Bezugsverhältnis zwischen der Hamburger Schule und dem linken Popjournalismus festzuhalten. Vgl. Eric Peters: Tocotronic, die Pop-Linken und Ich. In: ebd., S. 142-162.

[76] Vgl. Germann: „Eine eigene Geschichte", S. 37.

[77] Ein besonderer Fall ist sicherlich der Song „Fickt das System" der Musikgruppe Die Sterne, welcher allerdings auch als eine selbstironische Abrechnung mit „blöden Parolen" gelesen werden kann und somit das Scheitern der gesellschaftlichen Korrektivfunktion beziehungsweise das Dilemma der offen ausgesprochenen Gesellschaftskritik aufzeigt. Vgl. Die Sterne: EP *Fickt das System*, L'Age D'Or 1992.

[78] Francis Fukuyama: Das Ende der Geschichte. Wo stehen wir? Aus dem Amerikan. von Helmut Dierlamm. München 1992.

[79] Vgl. Petras: Dialektik der Auflösung, im Erscheinen.

[80] Roger Behrens: „Blumfeld mit Kante. Postrock und Diskurspop in der sogenannten Hamburger Schule". In: Musikwissenschaft und populäre Musik. Versuch einer Bestandsaufnahme. Hg. von Helmut Rösing. Frankfurt am Main 2002, S. 247.

[81] Fischer: Die Lyrik der späten Hamburger Schule, S. 17 f.

vorhandene, linke Diskurslastigkeit der Texte, auch der späten Hamburger Schule, sowie die antikapitalistischen aber auch antinationalistischen und antifaschistischen Tendenzen können als Grund dafür, dass die Hamburger Schule neben den künstlerischen Aspekten auch als eine linksorientierte, politische Bewegung zu betrachten ist, geltend gemacht werden.[82]

In den späten 1990er Jahren verlor der Begriff der Hamburger Schule zunehmend an Bedeutung, da aufgrund der musikalischen und textlichen Weiterentwicklungen der Musikgruppen kaum noch von einem einheitlichen Stil gesprochen werden kann und ohnehin viele Bands, insbesondere der frühen Hamburger Schule inzwischen nicht mehr aktiv waren.[83]

3.1.2 Bandbiographie und Diskographie von Tocotronic (1993-2002)

Wie bereits angemerkt gelten Tocotronic neben den Musikgruppen Blumfeld und Die Sterne gemeinhin als die wichtigsten Vertreter der späten Hamburger Schule. Die zunehmende Popularität der Musik der Hamburger Schule Mitte der 1990er Jahre auch über ein spezialisiertes Szenepublikum hinaus ist auf diese drei Bands zurückzuführen. Während sich Blumfeld 1990 gründeten und sich Die Sterne in neuer Besetzung 1992 endgültig formierten, sind Tocotronic die jüngste Band unter den Vertretern der späten Hamburger Schule, da sie erst 1993 von Dirk von Lowtzow, Arne Zank und Jan Müller in Hamburg ins Leben gerufen wurde. Im Jahr 2005 kam als viertes, festes Mitglied der US-Amerikaner Rick McPhail hinzu, welcher bereits zuvor als Gitarrist und Keyboarder auf Konzerten ausgeholfen hatte. Tocotronic gründeten sich also zu einer Zeit, in der einerseits das Scheitern des amerikanischen Grunge als Gegenbewegung bereits abzusehen war, andererseits die gesellschaftliche Korrektivfunktion der Hamburger Schule, des eigenen soziokulturellen, musikalischen Milieus, ebenfalls scheiterte.

---

[82] In verschiedenen deutschen Städten gründen sich nach den rechtsradikalen Anschlägen in Rostock-Lichtenhagen und Mölln die sogenannten Wohlfahrtsausschüsse, welche mit Publikationen und Konzertreihen gegen den aufkommenden Neonazismus angingen. Auch in Hamburg entstand unter Beteiligung von einigen Musikern der Hamburger Schule sowie von Journalisten, Malern und Filmwissenschaftlern ein Wohlfahrtsausschuss. Vgl. Fischer: Die Lyrik der späten Hamburger Schule, S. 18 f. Die Bildung der Wohlfahrtsausschüsse wurde von einem Großteil der Vertreter der Hamburger Schule allerdings kritisch beurteilt, was Ole Petras mit dem allgemeinen Scheitern der gesellschaftlichen Korrektivfunktion der Hamburger Schule in Verbindung bringt. Vgl. Petras: Dialektik der Auflösung, im Erscheinen.

[83] Fischer: Die Lyrik der späten Hamburger Schule, S. 87 ff.

22

Dirk von Lowtzow wurde 1971 in Offenburg geboren. Nach seinem Abitur und einem abgebrochenen Studium der Germanistik und Kunstgeschichte in Freiburg zog er 1992 nach Hamburg, um ein Studium der Rechtswissenschaften zu beginnen. In Hamburg lernte er den dort 1971 geborenen Jan Müller kennen, der ebenfalls Jura studierte. Beide brachen ihr Studium vor Abschluss ab. Gemeinsam mit Müller und dem 1970 in Hamburg geborenen Arne Zank gründete von Lowtzow schließlich 1993 die Musikgruppe Tocotronic. Der Name Tocotronic ist eine Anspielung auf den Vorläufer des Gameboy, einer mobilen japanischen Spielkonsole, den Tricotronic. Müller und Zank spielten zuvor zusammen in den Punkbands Meine Eltern und Punkarsch. Von Lowtzow zeichnete sich seit der Gründung vorwiegend als Texter, Sänger und Gitarrist verantwortlich, Müller für die Bassgitarre und Zank für das Schlagzeug- und Keyboardspiel.[84] Ihr Debütalbum *Digital ist besser*[85] wurde 1995 durch das Hamburger Independent-Label L'Age D'Or veröffentlicht, welches bereits zahlreiche weitere Musikalben von Vertretern der Hamburger Schule produzierte und herausgab. Zuvor konnten Tocotronic durch verschiedene Auftritte in Kneipen und Bars in der Hamburger Lokalszene und den Eigenvertrieb von selbstaufgenommenen Tonträgern auf sich aufmerksam machen. Das Debütalbum von Tocotronic wurde alsdann in den für die Musikszene relevanten Zeitschriften wie *Spex* und *Intro* oder in dem damals populären Fanzine *The Chelsea Chronicle* positiv besprochen und gilt retrospektiv als ein Meilenstein der jüngeren, deutschen Musikgeschichte.[86] Kennzeichnend für das Debütalbum waren vordergründig trotzige, oft sloganartige, auf Verweigerung und Abgrenzung ausgerichtete Texte, die auf eine Unmittelbarkeit der Aussagen zu zielen schienen. Inhaltlich wurden durch das lyrische Ich Themen wie persönliche Probleme,

---

[84] Außerdem engagieren sich die drei Gründungsmitglieder in zahlreichen Nebenprojekten. Lediglich Dirk von Lowtzows Nebentätigkeiten seien hier erwähnt, da sie eine Kunstaffirmation und ein kunstspezifisches Wissen verdeutlichen. Von Lowtzow bildet seit 2001 zusammen mit Thies Mynther das Musikerduo Phantom/Ghost, das zunächst als loses Projekt angedacht war, sich inzwischen aber zu einer festen Band entwickelt hat, die bisher vier Alben veröffentlichte. Der artifizielle Stil von Phantom/Ghost vermengt elektronische Musik mit narrativ literarisch vorgetragenen, meist englischen Texten. Daneben ist von Lowtzow beispielsweise noch seit 1999 im redaktionellen Beirat der Berliner Kunst- und Kulturzeitschrift „Texte zur Kunst" tätig. Er veröffentlicht in dieser Zeitschrift unregelmäßig Rezensionen über Kunstwerke aus verschiedenen Kunstgebieten, wie z.B. Film, Malerei oder Performance-Kunst und führt für die Zeitschrift Interviews mit Künstlern. Darüber hinaus verfasst Dirk von Lowtzow unregelmäßig weitere Texte über Kunst in anderen Zeitschriften.
[85] Tocotronic: CD *Digital ist besser*, L'Age D'Or 1995.
[86] Das Debütalbum wird inzwischen in vielen sogenannten All-Time-Charts prominenter Musikmagazine gelistet . Zu einer Übersicht über die Platzierung in den verschiedenen All-Time-Charts vgl. die Angaben auf der Internetseite von *Indiepedia*: http://indiepedia.de/index.php?title=Digital_Ist_Besser>. Datum des Zugriffs: 15.09.2010.

Erfahrungen, Antipathien und die Selbstpositionierung im gesellschaftlichen Alltag aufgegriffen, als auch Reflexionen über die Rockmusik als solche kundgetan. Die suggerierte Lebenswelt des sich artikulierenden lyrischen Ichs war durch den hohen autobiographischen Gehalt der Songtexte und der stetigen Ich-Subjektivierung eng an die der Rezipienten, damals vorwiegend Jugendliche und Studenten, angelehnt. Somit hatten die Texte einen großen Identifikationswert, und es wurde ihnen eine Evidenz des Gesagten unterstellt.[87] Dass die Texte beispielsweise der Songs „Ich möchte Teil einer Jugendbewegung sein", „Digital ist besser" und „Samstag ist Selbstmord" eine selbstironische Distanz zu den eigenen Aussagen implizierten, wurde von den Rezipienten scheinbar zumeist übersehen beziehungsweise von ihnen missverstanden. Mittels Polemik, Sarkasmus und einer übertriebenen Darstellung wie zum Beispiel in dem Song „Freiburg"[88], in dem grundlos gegen „Fahrradfahrer", „Backgammonspieler" und „Tanztheater" gewettert wird, politisierten Tocotronic das Private.

Musikalisch bedienten sich Tocotronic in ihrem Debüt der klassischen Instrumentation der Rockmusik: elektronische Gitarre, elektronischer Bass und Schlagzeug. Der Klang der Songs war durch eine simple Aufnahmequalität ohne Nachbearbeitung und eingängige Melodien geprägt. Der Gesang Dirk von Lowtzows variierte zwischen einer aggressiv wütenden und ruhigen, melancholischen Artikulation. Der Musikstil lässt sich insgesamt zwischen Postpunk, Grunge, Lo-Fi und Independent-Rock einordnen. Als musikalische Vorbilder fungierten die amerikanische Noise-Rock-Band Sonic Youth, die amerikanischen Independent-Rock-Bands Pavement und Dinosaur Jr. sowie die deutschen und teilweise aus Hamburg stammenden Punkbands EA 80, Boxhamsters, Die Regierung, Slime und Abwärts.

Der musikalische Stil als auch das sloganhafte Polemisieren der Songtexte des Debütalbums wurden von Tocotronic bis 1997 in den drei nachfolgenden Musikalben *Nach der verlorenen Zeit*[89], *Wir kommen um uns zu beschweren*[90] und *Es ist egal, aber*[91] weitestgehend beibehalten. Songs wie „Du bist ganz schön bedient"[92], „Wir kommen

[87] Vgl. Fischer: Die Lyrik der späten Hamburger Schule, S. 28.
[88] Tocotronic: Freiburg. Auf: CD *Digital ist besser*, L'Age D'Or 1995.
[89] Tocotronic: CD *Nach der verlorenen Zeit*, L'Age D'Or 1995.
[90] Tocotronic: CD *Wir kommen um uns zu beschweren*, L'Age D'Or 1996.
[91] Tocotronic: CD *Es ist egal, aber*, L'Age D'Or 1997.
[92] Tocotronic: Du bist ganz schön bedient. Auf: CD *Nach der verlorenen Zeit*, L'Age D'Or 1995.

um uns zu beschweren"[93], „Ich verabscheue euch wegen eurer Kleinkunst zutiefst"[94], „Die Welt kann mich nicht mehr verstehen"[95], „Alles was ich will ist nichts mit euch zu tun haben"[96] oder „Du und deine Welt"[97] zeugten weiterhin von einem sich verweigernden, abgrenzenden und kritisierenden Gestus. Gemein ist den Songtexten der genannten Musikalben und den noch zu nennenden eine Vielzahl an intertextuellen Verweisen und Zitaten: Neben zahlreichen Verweisen auf popkulturelle Werke beinhalten die Songtexte Tocotronics viele intertextuelle Anspielungen auf Werke der literarischen und philosophischen Hochkultur, darunter Werke der Schriftsteller Thomas Bernhard, Vladimir Nabokov, Thomas Pynchon, Marcel Proust und Walter Benjamin sowie Werke der Philosophen Ludwig Wittgenstein, Gilles Deleuze, Emil Cioran und Michel Foucault.[98]

Die Kombination des intellektuellen Anspruchs im Kontext des Diskurs-Rock der Hamburger Schule mit der gesellschaftskritischen Verweigerungshaltung, dem signifikanten, kollektiven Kleidungsstil aller Bandmitglieder, welcher aus Cordhosen, Trainingsjacken und T-Shirts mit banalen Werbebotschaften bestand, und der besonderen Gestaltung der Cover und Booklets mittels Polaroid-Aufnahmen verschafften Tocotronic sich das Image einer authentischen Studentenband. Tocotronic wurden daher fortan als Sprachrohr einer aufgeklärten und intellektualisierten, deutschen Generation X funktionalisiert. Diese von Tocotronic im Grunde provozierte aber dennoch ungewollte Vereinnahmung diente der Band als Anlass mit ihrem bisherigen musikalischen und textlichen Stil und ihrem äußeren Erscheinungsbild zu brechen. 1999 veröffentlichten Tocotronic ihr fünftes Studioalbum *K.O.O.K.*[99], welches bis dato Tocotronics kommerziell erfolgreichstes Musikalbum wurde.[100] Dieses

---

[93] Tocotronic: Wir kommen um uns zu beschweren. Auf: CD *Wir kommen um uns zu beschweren*, L'Age D'Or 1996.

[94] Tocotronic: Ich verabscheue euch wegen eurer Kleinkunst zutiefst. Auf: CD *Wir kommen um uns zu beschweren*, L'Age D'Or 1996.

[95] Tocotronic: Die Welt kann mich nicht mehr verstehen. Auf: CD *Wir kommen um uns zu beschweren*, L'Age D'Or 1996.

[96] Tocotronic: Alles was ich will ist nichts mit euch zu tun haben. Auf: CD *Es ist egal, aber*, L'Age D'Or 1997.

[97] Tocotronic: Du und deine Welt. Auf: CD *Es ist egal, aber*, L'Age D'Or 1997.

[98] Vgl. Fischer: Die Lyrik der späten Hamburger Schule, S. 26 ff.

[99] Tocotronic: CD *K.O.O.K*, L'Age D'Or 1999. Der Titel des Albums, sinngemäß *Knocked Out Okay*, ist prinzipiell eine Vorwegnahme des später weiter ausgearbeiteten Konzeptes der Kapitulation. *K.O.O.K* war acht Wochen in den Albumcharts vertreten, davon eine Woche auf Platz sieben. Vgl. erneut die Angaben auf der Internetseite des Musikinformationsanbieters *Musicline*: <http://www.musicline.de>. Datum des Zugriffs: 20.08.2010.

Musikalbum unterscheidet sich fundamental von den vorherigen und gilt in der Bandbiographie als entscheidender Wendepunkt der Entwicklung von Tocotronic. Insgesamt ist eine Abkehr von dem jugendlichen Trotz festzuhalten. Der Musikstil wendet sich insgesamt in Richtung des Rock-Pop oder Pop-Rock. Auf musikalischer Ebene wurde die Instrumentation um den Einsatz von Synthesizer, Klavier, Geige und Bläser- und Streicherarrangements erweitert, was sich tendenziell im vorherigen Album schon abzeichnete. Die Songs selber folgten nicht länger der konventionellen Struktur eines Songs, sprich einer strikten Abfolge von Strophe und Refrain. Hinsichtlich des Covers und des Booklets wurden an Stelle der Polaroid-Aufnahmen Kunstbilder aus dem Bereich der Science Fiction verwendet. Die Cordhosen, Trainingsjacken und besonderen T-Shirts wichen im öffentlichen Auftreten nunmehr einer schlichten, meist schwarz gehaltenen Bekleidung. Die für die vorliegende Arbeit entscheidende Veränderungen betrifft allerdings die neue Textgestalt. Die Songtexte sind nunmehr unbestimmter, metaphorischer, assoziativer und somit codierter gestaltet. Tocotronic verzichteten weitestgehend auf die unmittelbaren Statements und Slogans früherer Tage. Die direkte Sinnproduktion auf literaler Ebene war somit nicht mehr möglich, was eine Identifikation und vereinnahmende Rezeption verhinderte, wie Dirk von Lowtzow in einem Interview zu verstehen gibt:

> „Deshalb haben wir uns ab 1997 von uns selbst distanziert und einen radikalen Bruch eingeleitet, indem wir die Struktur der Texte offener und weniger sloganhaft gestalteten. Es wäre furchtbar geworden, sich immer neue Parolen einfallen lassen zu müssen, damit die Leute sich damit identifizieren können."[101]

Die neue, unzugänglichere Textgestalt wird durch die symbolische Verwendung von Worten wie „Rätsel"[102], „tiefere Botschaft"[103], „Labyrinth von Gängen"[104], „flie-ßende[n] Grenzen"[105] oder „Seltsamkeit"[106] selbstreflexiv vorgeführt. Das selbstreflexive Moment der Songtexte agiert zugleich als inhaltlich motivisches Hauptmerkmal des Musikalbums. *K.O.O.K.* kann daher als ein Konzeptalbum bezeichnet werden, das sich vor allem über Metaebenen und einher über Selbstreferenz und Selbstreflexion konzipiert. Um weitere Inhalte und Motive nennen zu können, bedarf es

---

[101] Vgl. erneut das Interview der Online-Ausgabe des *Tagesspiegel*: <http://www.tagesspiegel.de/kultur/pop/ich-muss-mich-vom-internet-fernhalten-aus-selbstschutz/1666412.html>. Datum des Zugriffs: 17.08.2010.
[102] Tocotronic: Das sind keine Rätsel. Auf: CD *K.O.O.K.*, L'Age D'Or 1999.
[103] Ebd.
[104] Tocotronic: Unter der Schnellstraße. Auf: CD *K.O.O.K.*, L'Age D'Or 1999.
[105] Tocotronic: Die Grenzen des guten Geschmacks 2. Auf: CD *K.O.O.K.*, L'Age D'Or 1999.
[106] Tocotronic: Die neue Seltsamkeit. Auf: CD *K.O.O.K.*, L'Age D'Or 1999.

einer genaueren Analyse der Songtexte, da sich diese nur schwerlich verallgemeinern lassen.

Die neue Textgestalt wurde auch auf dem Nachfolgealbum *Tocotronic*[107] von 2002 beibehalten, welches aufgrund der Selbstbetitelung und dem in Weiß gehaltenen Cover in Anlehnung an ein Album der Beatles auch das *Weiße Album* genannt wird. Die thematisch motivischen Inhalte des Albums lassen sich auch hier nur schwer pauschalisieren und bedürften im Grunde genommen einer genauere Analyse aller Songtexte. Gemein ist allen Songtexten jedoch eine symbolische und metaphorische Überfrachtung und somit eine Offenheit für Interpretationen sowie diagnostisch reflexive Aussagen des lyrischen Ichs über Wahrnehmungen und Empfindungen. Außerdem fallen erneut die ausgeprägten selbstreferenziell und selbstreflexiv deutbaren Elemente auf. Die Songs „This Boy is Tocotronic", „Hi Freaks" „Wolke der Unwissenheit", „Dringlichkeit besteht immer" und „Neues vom Trickser" sind zum Beispiel teilweise als Metakommentare über die neue Poetologie Tocotronics lesbar. Der musikalische Stil lässt sich wie schon bei dem Vorgängeralbum als Pop-Rock beziehungsweise Rock-Pop klassifizieren. Die Songs des Albums sind im Vergleich zum Frühwerk Tocotronics wesentlich ruhiger und der Gesangs ist teilweise narrativ orientiert.

Insgesamt ist also ein musikalischer Wandel, vom eher aggressiven Punk oder Grunge zum gemäßigten Rock-Pop und ein textlicher, von der Unmittelbarkeit zur Codierung, festzuhalten. Auffällig sind außerdem die verstärkt auftretenden, selbstreflexiven und selbstreferenziellen Elemente, mittels derer Tocotronic zunehmend ihren eigenen, textlichen Stil kommentieren.

3.1.3 „Für einen Witz sind wir immer zuhaben": Das performative, selbstironische Bandkonzept

Um die Songtexte von Tocotronic angemessen zu analysieren, bedarf es wie im Abschnitt über die Methodik thematisiert der Kenntnis des zu Grunde liegenden, performativen und selbstironischen Bandkonzepts, welches sich letztendlich entscheidend in den Songtexten niederschlägt. Das Konzept besteht aus verschiedenen Bereichen öffentlicher Inszenierungen, welche als performative Handlungen zu

---

[107] Tocotronic: CD *Tocotronic*, L'Age D'Or 2002.

verstehen sind. Auf dieses Konzept griff die Band besonders in den ersten Jahren seit ihrer Entstehung zurück und mit Abstrichen wird das Konzept auch gegenwärtig noch weitergeführt. Nennenswert ist zunächst das auf Distinktion angelegte, einheitliche Aussehen der Bandmitglieder, insbesondere die schlecht geschnittenen, feminin anmutenden, asymmetrischen Einheitsfrisuren mit Seitenscheiteln und der bereits erwähnte, charakteristische Kleidungsstil früherer Tage. Anlässlich des Erscheinens des aktuellen Musikalbums „Schall & Wahn" kommentiert Dirk von Lowtzow in einem Interview der Online-Ausgabe des *Tagesspiegel* den Kleidungsstil retrospektiv wie folgt:

> „ [...] eine Uniform, aber das wurde total verkannt. Dass wir Kordhosen und Sportjacken trugen, die wir in billigen Second-Hand-Läden gekauft hatten, war eigentlich ein extrem mieses Outfit. Wir haben uns gegen unsere eigenen Instinkte angezogen, kostümiert mit dem denkbar Unrockigsten, das es gab. Unmännlich, asexuell. Alles nur, um uns selbst zu desavouieren."[108]

In einem anderen Interview der Online-Ausgabe der *Süddeutschen Zeitung* erläutern Dirk von Lowtzow und Arne Zank ihren damaligen Kleidungsstil auf ähnliche Weise:

> „von Lowtzow: [...] Unsere Klamotten waren extradämlich.
> Zank: Das hatte etwas stark Anti-Machistisches und Unrockiges.
> von Lowtzow: Punk und Hardcore waren damals sehr martialisch. Man denke nur an Henry Rollins mit seinen vielen Tattoos. Alle trugen T-Shirts von Jack Daniel's oder *Guns'n'Roses*. Und wir kamen plötzlich mit dem Vita-Malz-T-Shirt daher. Das war das Unmännlichste und Spießigste, was man sich denken konnte."[109]

Aufgrund ihres inszenierten, uniformierten Kleidungsstil vergangener Tage waren Tocotronic in den Gesprächen und Diskussionen zwischen den Literaten Christian Kracht, Eckhart Nickel, Alexander von Schönburg und Benjamin von Stuckrad-Barre aus dem Jahre 1999 Gegenstand einer Diskussion über die Ironie:

> „BENJAMIN V. STUCKRAD-BARRE In Hamburg findet die Selbstironisierung aber auch in ihrer pervertiertesten Form statt: sich durch Styles zu brechen. [...] Das objektive Urteil, daß ein orangebrauner Synthetikpullunder immer beschissen aussah und aussieht, in den Wind zu schlagen und sich dann mit einer zu engen Trainingsjacke und mit zu kurzen Cordhosen auf eine Hafentreppe zu setzen [...].
>
> JOACHIM BESSING Und die solchermaßen schlimmst eingekleideten Menschen, Menschen, die alle aussehen wie die Hamburger Band Tocotronic, halten diesen

---

[108] Vgl. erneut das Interview der Online-Ausgabe des *Tagesspiegel*: <http://www.tagesspiegel.de/kultur/pop/ich-muss-mich-vom-internet-fernhalten-aus-selbstschutz/1666412.html>. Datum des Zugriffs: 17.08.2010.

[109] Vgl. das Interview auf der Internetseite der SZ: <http://www.sueddeutsche.de/muenchen/tocotronic-in-der-tonhalle-ironie-beherrschen-wir-nicht-1.24174>. Datum des Zugriffs: 27.09.2010.

grausamen Pudel-Club am Leben. [...] Ich muss es leider so sagen: Die Wurzel aller Ironie liegt in der sogenannten Hamburger Musikszene begraben."[110]

In den dargelegten Interview- und Gesprächsausschnitten sprechen die zu Wort kommenden Personen den bereits angeklungenen, wesentlichen Bestandteil des Bandkonzepts an: die Selbstironisierung, manifestiert durch das spezifische äußere Erscheinungsbild. Tocotronic durchbrechen die gängigen Klischees beziehungsweise die Konventionen der Rockszene durch den „unrockig[en]", „unmännlich[en]", „asexuell[en]" und „extradämlich[en]" Kleidungsstil und inszenieren sich selbst mit einem gegen den Rock gerichteten Habitus, welcher der stereotypischen Vorstellung einer maskulin geprägten Rockmusikszene entgegengesetzt ist. Dadurch erschaffen Tocotronic einen ironisch gebrochenen Authentizitätscharakter. Was hier deutlich wird, ist ein durch Konstruktion und Dekonstruktion geprägtes, selbstironisches und reflexives Spiel mit der eigenen Identität und der eigenen Verortung in der Rock- beziehungsweise Popszene. Der Kleidungsstil lässt sich aufgrund der künstlichen und übertriebenen Inszenierung und wegen der Orientierung am schlechten Geschmack am treffendsten mit dem Begriff *camp* charakterisieren.[111] Der gegen den Rock gerichtete Habitus ist außerdem durch einen generellen, subkulturellen Paradigmenwechsel in der Rock-Popmusikszene zu erklären. Die seit den 1970er Jahren etablierten Strukturen und Haltungen der Rockmusik wurden im Zuge einer „Rockismus-Debatte"[112] in den 1980er Jahren zunehmend kritisch hinterfragt.[113] Die Folge daraus war, dass viele Musiker aus der Independent-Szene, so auch die Vertreter der Hamburger Schule, das traditionelle Image des Rockmusikers sowie die der Rockmusik anhaftende Klischees ablehnten[114] und im Falle von Tocotronic gar selbstironisch konterkarierten.

Neben dem Kleidungsstil bestärkten Tocotronic das Konzept der Selbstironisierung durch einen anfänglichen, offen zur Schau getragenen, dilettantischen, musikalischen Stil. Unterstützt wurde der ihnen zugesprochene „Dilettanten-Charme"[115] durch die besondere Gestaltung der Cover und Booklets der ersten vier Musikalben. Diese

---

[110] Joachim Bessing (Hg.): Tristesse Royale. Das popkulturelle Quintett mit Joachim Bessing, Christian Kracht, Eckhart Nickel, Alexander v. Schönburg und Benjamin v. Stuckrad-Barre. Berlin 1999, S. 28.

[111] Vgl. Susan Sontag: Anmerkungen zu Camp. In: dies.: Kunst und Antikunst. 24 exemplarische Analysen. Frankfurt am Main 1982, S. 322-341.

[112] Büsser: Popmusik, S. 71.

[113] Die „Rockismus-Debatte" hatte ihren Ursprung in der britischen Musikpresse und wurde von der deutschen Musikpresse um Diedrich Diederichsen übernommen.

[114] Vgl. Germann: „Eine eigene Geschichte", S. 32.

[115] Alexander Neubacher: Du bist ein Tocotronic. In: Visions (1996), Heft 46, S. 62-64, S. 63.

bestanden größtenteils aus verwackelten, überbelichteten und unscharfen Polaroid-Fotoaufnahmen. Durch das Kokettieren mit einem offenkundigen Dilettantismus was die musikalischen Fähigkeiten und die besondere Fotoästhetik der ersten Alben angeht, spielten Tocotronic mit dem Medium des Rock beziehungsweise Pop und deren Konventionen und erzeugten wie bei dem Kleidungsstil einen ironisch gebrochenen Authentizitätscharakter. Die von Tocotronic verfolgte Strategie der konstruierten aber ironisch gebrochenen und somit irreführenden Authentizität lehnt sich in ihrer Grundstruktur an den Punk und den New Wave an, was insbesondere die Verwendung von Ironie oder des vorgetäuschten Dilettantismus betrifft.[116]

Insgesamt kann das selbstironische und daher dekonstruierte, dennoch auf Distinktion und Verweigerung von Konventionen bedachte Bandkonzept als eine subversive Strategie bezeichnet werden.[117] Die hier aufgegriffenen, selbstironischen Brechungen sind ein signifikantes Merkmal der Songtexte von Tocotronic, denn auch hinsichtlich ihrer Songtexte gilt: „Für einen Witz sind wir immer zu haben!"[118]

3.1.4 Die grundlegende Textcharakteristik: Reflexion, Ironie, Subversion und Intertextualität

Obwohl die wesentlichen Kennzeichen der Songtexte Tocotronics schon vorab implizit in den Ausführungen über die Hamburger Schule, explizit im Zuge der Bandbiographie und des Bandkonzepts benannt wurden, sollen anhand einiger Textzeilen von Songtexten früherer Songs vertiefend vier essentielle, stilistische Merkmale herausgestellt werden, die für die Analyse der späteren Songtexte unerlässlich sind. Im Einzelnen sich das die vier stilistischen Merkmale der Reflexion, Ironie, Subversion und Intertextualität. Diese vier Ingredienzien der Texte Tocotronics bedingen einander und treten daher oft in Kombination auf. Bis auf den Songtext von „Neues vom Trickser"[119]

---

[116] Vgl. Martin Büsser: „Ich steh auf Zerfall". Die Punk und New Wave Rezeption in der deutschen Literatur. In: Pop-Literatur. Ed. Text + Kritik. Hg. von Heinz Ludwig Arnold. München 2003, S. 149-157, S. 150.

[117] Das Bandkonzept lässt sich in Anlehnung an Thomas Ernst als ein Hybrid aus der subversiven Strategie einer künstlerisch-avantgardistischen Bewegung, der minoritären Distinktion und der Dekonstruktion fassen. Vgl. Thomas Ernst: Subversion – Eine kleine Diskursanalyse eines vielfältigen Begriffs. In: Psychologie & Gesellschaftskritik (2008), Heft 4, S. 9-34.

[118] Vgl. erneut das Interview auf der Internetseite des *Spiegel*: <http://www.spiegel.de/kultur/musik/0,1518,673245,00.html>. Datum des Zugriffs: 21.08.2010.

[119] Tocotronic: Neues vom Trickser. Auf: CD *Tocotronic*, L'Age D'Or 2002.

sind die im Folgenden aufgegriffenen Songtexte selbst transkribiert, da in den Booklets der entsprechenden Musikalben keine Songtexte abgedruckt sind.

Neben dem Songtext „Wir sind hier nicht in Seattle, Dirk", der in der Einleitung schon besprochen wurde, gibt es zwei weitere Songtexte Tocotronics aus früheren Tagen, die auf signifikante Weise ein reflexives Moment verdeutlichen. Im Song „Über Sex kann man nur auf Englisch singen"[120] lauten zwei Textzeilen wie folgt: „Über Sex kann man nur auf Englisch singen / allzu leicht kann's im Deutschen peinlich klingen". Was hier als banale Feststellung daher kommt, ist vielmehr eine poetologische Reflexion über die eingeschränkten Ausdrucksmöglichkeiten deutscher Songs beziehungsweise Songtexte. Die Peinlichkeit der Verwendung des Wortes Sex wird sogleich durch den Reim „singen / klingen" ästhetisch vorgeführt. Der Verzicht auf das Thema Sex in deutschen Songtexten korreliert zudem mit einem generellen Authentizitätsverlust deutscher Rockmusik, da das Thema Sex ein zentrales Thema der amerikanisch und britisch geprägten Rockmusik darstellt. Der Song thematisiert daran anknüpfend den gescheiterten Versuch dem Mythos Rock nach US-amerikanischen Vorbild zu entsprechen.[121]

Mit dem Song „Ich bin neu in der Hamburger Schule"[122] kommentierten Tocotronic den Begriff der Hamburger Schule und die damit verknüpften Konnotationen, wie etwa den intellektuellen Anspruch an die Songtexte, die hohe mediale Meinung über die Songtexte der Vertreter der Hamburger Schule sowie die Zugehörigkeit Tocotronics zu dieser, pointiert mit den Worten:

> „Ich bin neu in der Hamburger Schule / Und ich kenn' mich noch nicht so gut aus /
> Ich bin gerade in die erste Klasse gekommen / und ich weiß noch nichts genau […]
> Die Lehrer sind alle ganz nett hier / Und die meisten meiner Mitschüler auch / […]
> Ich bin neu in der Hamburger Schule / und lern' kein Griechisch und kein Latein /
> Und trotzdem scheint mir die Hamburger Schule / 'ne Eliteschule zu sein […] Ich
> bin neu in der Hamburger Schule / und vielleicht komm' ich hier nie wieder raus /
> Vielleicht werde ich nie meinen Abschluß machen / denn hier gibt es ja immer
> Applaus"

Tocotronic greifen somit auf selbstironische und reflektierte Weise den Diskurs der und über die Hamburger Schule auf.

---

[120] Tocotronic: Über Sex kann man nur auf Englisch singen. Auf: CD *Digital ist besser*, L'Age D'Or 1995.

[121] Vgl. Rehfeldt: Von Lyrics zu Lyrik, S. 165 f.

[122] Tocotronic: Ich bin neu in der Hamburger Schule. Auf: CD *Nach der verlorenen Zeit*, L'Age D'Or 1995.

Ein späteres Beispiel für die reflexive Ausrichtung eines Songtextes von Tocotronic ist der Song „Neues vom Trickser". Dort heißt es:

> „Neues vom Trickser / etwas von mir/ als einem Übersetzer / zwischen den Türen. / Als eine Art Benutzer / Des Dagegen-seins / An Orten wie diesen / die gemacht sind für uns zwei. / Eines ist doch sicher: / Eins zu eins ist jetzt vorbei. / Wir sind wie Agenten / jetzt ist es soweit."

Die Worte des lyrische Ichs, „Eins zu eins ist jetzt vorbei", sind als reflexive, metapoetologische Auskunft über die neue Textgestalt Tocotronics, die codierte Sprache fernab einer Unmittelbarkeit, zu verstehen, was bereits in der Bandbiographie angesprochen wurde. Darüber hinaus offenbart sich das lyrische Ich als ein „Trickser", als ein Subjekt, dem kein Glaube geschenkt werden darf, und betont dadurch den artifiziellen Charakter der getroffenen Aussagen. Es suggeriert beziehungsweise benutzt lediglich ein Dagegensein und verdeutlicht somit eine Scheinaffirmation zu einer Verweigerungshaltung. Die Zeile „An Orten wie diesen" spielt auf das Rezeptionsverhältnis von Künstler und Rezipient an. Das Motiv des „Agenten" verweist auf den Vortrag respektive Text von Leslie A. Fiedler: „Cross the Boarder, Close the Gap!"[123] In diesem bezeichnet Fiedler den postmodernen Künstler – als Beispiele nennt er Bob Dylan und John Lennon – als einen Doppelagenten, welcher die Grenzen zwischen niederer und hoher Kunst überschreitet. Das Lyrische Ich fungiert daher „Als ein Übersetzer / Zwischen den Türen", welches Elite- mit Massenkultur vereint und dem Rezipienten näherbringt, dabei jedoch bewusst auf interpretatorische Offenheit setzt, denn „Eins zu eins ist jetzt vorbei".

Die schon angesprochene Scheinaffirmation spielt auch in den zwei vielleicht bekanntesten Songs von Tocotronic eine zentrale Rolle. Der Song „Ich möchte Teil einer Jugendbewegung sein"[124] avancierte Mitte der 1990er Jahre als eine Art inoffizielle Hymne der deutschen Generation X.[125] Der Song scheint durch seinen Titel, der auch als Refrain fungiert, oberflächlich den Wunsch der Partizipation an einer Jugendbewegung und darüber hinaus der Entsprechung des Mythos Rock, der sich durch jugendkulturelle Bewegungen definiert, zu artikulieren. Dieser Wunsch beziehungsweise die Ernsthaftigkeit des Wunsches wird allerdings in den folgenden,

---

[123] Leslie A. Fiedler: Überquert die Grenze, schließt den Graben! In: Wege aus der Moderne. Schlüsseltexte der Postmoderne-Diskussion. Hg. von Wolfgang Welsch. Weinheim 1988, S. 57-74.

[124] Tocotronic: Ich möchte Teil einer Jugendbewegung sein. Auf: CD *Digital ist besser*, L'Age D'Or 1995.

[125] Fischer: Die Lyrik der späten Hamburger Schule, S. 31.

bewusst umgangssprachlich formulierten Zeilen ironisch gebrochen: „Jetzt müssen wir wieder in den Übungsraum / Oh Mann, ich hab überhaupt kein' Bock / Oh Mann, ich hab schon was Bess'res vor". Durch diesen Bruch distanziert sich das lyrische Ich nicht nur von dem Vorhaben, Teil einer Jugendbewegung sein zu wollen, sondern das lyrische Ich verweigert sich desgleichen der stereotypischen Vorstellung des Mythos Rock. Die Scheinaffirmation zur Jugendbewegung ist daher durchaus subversiv aufzufassen, da der Mythos Rock und deren stereotypisierte Rebellion in Form einer Jugendbewegung unterlaufen wird.[126] In diesem Sinne lässt sich der Song auch als eine ironische Antwort auf einen von Diedrich Diederichsen 1992 begonnenen[127] und im deutschen Feuilleton weitergeführten, zeitgenössischen Diskurs über das Ende der Jugendkultur deuten.[128]

Der zweite Song, der sich einer vergleichbaren Scheinaffirmation bedient und auf subversive Art den Rock unterläuft, ist „Let there be Rock"[129]. Der Titel des Songs, welcher wiederum als Refrain fungiert, ist ein offenes Zitat des gleichnamigen Songs der australischen Hard-Rock-Band AC/DC.[130] Im Original predigen und huldigen AC/DC durch die sich wiederholenden, biblischen Worte „Let there be" die Entstehung der Rockmusik und der Rockkultur. Das Zitat im Song Tocotronics parodiert nun diese ernst gemeinten offenbarenden und aufklärerischen Implikationen des Originals. Das parodistische Moment des Songs ist auch im offiziellen Musikvideo ersichtlich. Tocotronic präsentieren sich in dem Video in schwarzer Lederkleidung und spielen mit pinkfarbenen Gitarren und Schlagzeug. Der Titel des Songs wird in einer Einstellung klischeehaft als flammende Einblendung gezeigt.[131] Eine zweite, instrumentale Auffälligkeit ist die Verwendung der Synthesizer-Fanfare aus dem Song „The Final Countdown"[132] der retrospektiv zu belächelnden, schwedischen Band Europe. Ohne

---

[126] Rehfeldt: Von Lyrics zu Lyrik, S. 167 f.
[127] Vgl. Diedrich Diederichsen: The Kids are not alright. In: Spex (1992), Heft 11, S. 28-34.
[128] Vgl. Diedrich Diederichsen: The Kids are not alright, Vol IV – Oder doch? Identität, Nation, Differenz, Gefühle, Kritik und der ganze andere Scheiß. In: Freiheit macht arm. Das Leben nach Rock'n'Roll 1990-93. Köln 1993, S. 253-283, S. 280 f. In einem Interview mit der *Süddeutschen Zeitung* erklärt Dirk von Lowtzow in diesem Zusammenhang: „Es gab keine Jugendbewegungen mehr, von denen man ein Teil hätte sein können. Wir fingen zu einer Zeit an, in der vom Ende der Jugendkultur gesprochen wurde." Vgl. SZ vom 26.03.2010.
[129] Tocotronic: Let there be Rock. Auf: CD *K.O.O.K*, L'Age D'Or 1999.
[130] Vgl. AC/DC: Let there be Rock. Auf: LP *Let There Be Rock*, Albert 1977.
[131] Das Musikvideo ist auf der offiziellen Internetseite von Tocotronic einzusehen: <http://www.tocotronic.de/videothek/let-there-be-rock/>. Datum des Zugriffs: 09.10.2010
[132] Europe: The Final Countdown. Auf: LP *The Final Countdown*, Epic 1986.

näher auf den Songtext eingehen zu müssen, verdeutlichen das Zitat im Titel und das instrumentelle Zitat eine kritische Distinktion Tocotronics von der Rockkultur und dem Mythos Rock, indem dieser subversiv dekonstruiert wird. Da Tocotronic selbst Teil des Mythos Rock sind, findet durch die Verwendung der parodistischen Elemente zwangsläufig auch eine Selbstironisierung statt.[133]

Die soeben genannten Zitate und Verweise führen direkt zum letzten, charakteristischen Merkmal der Texte von Tocotronic - die Intertextualität - welche in einem Großteil der Songtexte Tocotronics gefunden werden kann. Die Verweise und Zitate sind in den Songtexten nicht exponiert gekennzeichnet und werden oft nicht originalgetreu wiedergegeben. Zuweilen weisen Tocotronic in Interviews oder auch anlässlich von Konzerten explizit auf Verweise und Zitate beziehungsweise auf Beeinflussungen durch andere Texte hin, so auch bei einem Konzertauftritt der Band in Wien vorab des Spielens des Songs „Sie wollen uns erzählen"[134] im Zuge dessen Dirk von Lowtzow auf den Aufsatz „Postskriptum über die Kontrollgesellschaften"[135] von Gilles Deleuze verweist. Deleuze stellt in seinem Text - aufbauend auf Überlegungen Foucaults, welcher die europäischen Gesellschaften des 18. und 19. Jahrhunderts als Disziplinargesellschaften kennzeichnet, die sich durch Überwachung, Sanktion und Verbote konstituierten[136] - die These auf, dass die sogenannte Kontrollgesellschaft die Disziplinargesellschaft ablöse. In der Kontrollgesellschaft würde Macht nun weder von Individuen noch von Institutionen ausgeübt, sondern von allgegenwärtigen, kapitalistischen Unternehmen. Sie sei somit systemimmanent bedingt und installiere sich in den modernen Gesellschaften als automatischer Prozess. Auf der Systemimmanenz beruhe die Effizienz, die Wirksamkeit der kapitalistischen Kontrollgesellschaft, in Folge dessen dem Individuum eingeredet würde, dass die kapitalistischen Unternehmen eine Seele hätten, die sich durch scheinbar wohlgemeinte Dienstleistungen und durch den Verkauf offenbare. Das Marketing der Unternehmen

---

[133] Moritz Baßler: Der deutsche Pop-Roman. Die neuen Archivisten. München 2002, S. 132 f.

[134] Tocotronic: Sie wollen uns erzählen. Auf: CD *Es ist egal, aber*, L'Age D'Or 1997.

[135] Gilles Deleuze: Postskriptum über die Kontrollgesellschaften. In: ders.: Unterhandlungen 1972-1990. Aus dem Franz. von Gustav Roßler. Frankfurt am Main 1993, S. 254-262. Das betreffende Konzert fand am 11. Dezember 2007 im Radiokulturhaus in Wien (*FM4-Radiosessions*) statt. Zur Ankündigung des Songs vgl. ein Videomitschnitt des Konzerts beziehungsweise des Songs auf der Internetplattform *Youtube*: <http://www.youtube.com/watch?v=S61MPfYzivw>. Datum des Zugriffs: 15.10.2010.

[136] Michel Foucault: Überwachen und Strafe. Die Geburt des Gefängnisses. Aus dem Franz. von Walter Seitter. 1. Aufl., Frankfurt am Main 1976.

avanciere dadurch zum „Instrument der sozialen Kontrolle"[137]. „Sie wollen uns
erzählen" paraphrasiert und vereinfacht nun den Text von Deleuze, wenn es
beispielsweise im Songtext heißt: „Sie wollen uns erzählen / Sie hätten eine Seele / Sie
wollen uns glauben machen / Es gäbe was zu lachen". Eine detailliertere inhaltliche
Analyse des Songtextes würde an dieser Stelle den Rahmen sprengen. Wichtig erscheint
aber, dass Tocotronic sich mittels intertextueller Verfahren der bestehenden
Protestkultur bedienen, um die eigene gesellschaftskritische Position in Form eines
„Protestsongs"[138] anzudeuten[139], was in den folgenden Analysen der neueren Songtexte
desgleichen vermehrt zu beobachten ist.

3.2 Analyse: *Pure Vernunft darf niemals siegen* (2005)

3.2.1 Vorbemerkungen

Schon die Implikation des programmatischen Titels des Musikalbums *Pure Vernunft
darf niemals siegen*, die Ablehnung der Aufklärung und des Vernunftprinzips sowie das
Cover des Albums, zu sehen sind die Bandmitglieder in nahezu geisterhafter Erschei-
nung, montiert in mitten eines dunklen Waldes – ein klassisches Motiv der Romantik –
verdeutlichen eine romantische Überdetermination[140] und einher eine gesellschaftskritische und widerständische Haltung. Signifikante Motive der Romantik, wie das der
Weltflucht, der Traumverlorenheit, der Naturverbundenheit, der Suche nach dem Wunderbaren und der Sehnsucht nach Aufhebung von Grenzen, werden in den insgesamt
dreizehn strukturhomolog wirkenden Songtexten augenscheinlich literarisch produktiv
gemacht. So ist in den Texten beispielsweise von einer „Zaubermacht", von „Träume[n]

---

[137] Deleuze: Postskriptum über die Kontrollgesellschaften, S. 260.

[138] In der erwähnten Ankündigung zum Song heißt es unter anderem: „Wir spielen einen Protestsong aus
dem Jahr 1997". Vgl. Anmerkung Nummer 135 in dieser Arbeit.

[139] Darüber hinaus kann der Verweis auf den Text von Deleuze als Reaktion auf die Aufsatzsammlung
„Mainstream der Minderheiten" gedeutet werden. Die in der Sammlung aufzufindenden Aufsätze
beschäftigen sich in diskursiver Form mit den Auswirkungen der Kontrollgesellschaft auf die Jugend-
und Popkultur. Vgl. Tom Holert u. Mark Terkessidis (Hg.): Mainstream der Minderheiten. Pop in der
Kontrollgesellschaft. 1. Aufl., Berlin 1996.

[140] Mit romantischer Überdetermination ist das romantische Verständnis gemeint, wie es beispielsweise
auf theoretischer Ebene in Friedrich Schlegels „Athenäums-Fragmenten" und auf praktischer Ebene in
Novalis' „Heinrich von Ofterdingen" zur Geltung kommt. Vgl. Friedrich Schlegel: Athenäums-
Fragmente. In: ders.: Kritische Ausgabe. Hg. von Ernst Behler. Zweiter Band: Charakteristiken und
Kritiken I (1796-1801). Hg. von Hans Eichner, München u.a. 1967, S. 165-255. / Vgl. Novalis:
Heinrich von Ofterdingen. In: ders.: Werke, Tagebücher und Briefe Friedrich von Hardenbergs. Bd.1:
Das dichterische Werk, Tagebücher und Briefe. Hg. von Richard Samuel. München/Wien 1978, S.
237-413.

und der „Sehnsucht"[141], dem „Weltall", dem „Himmel" und der „Sonne"[142] von „höchsten Höhen"[143] und „tiefsten Tiefen"[144] oder einer „Schwelle zur Unendlichkeit"[145] die Rede. Die romantischen Forderungen, etwa die Poetisierung des Lebens, die Verschränkung von Kunst und Alltag, die Aufladung des Lebens mit poetischer Bedeutsamkeit und die Hervorhebung des Phantastischen, des Wunderbaren und des Irrationalen[146], werden in den Texten zum ästhetischen Programm, was insgesamt eine konzeptuelle Geschlossenheit erzeugt. Ein romantisch idealisiertes Weltbild scheint in den Songtexten nahezu dogmatisch durchexerziert zu werden, obgleich symbolische und metaphorische Überfrachtungen eine eindeutige Sinnstiftung verhindern. Diese bei erster Rezeption zu konstatierende Dogmatik wirkt in Anbetracht der teilweise selbstironischen Arbeitsweise Tocotronics in gewisser Weise unglaubwürdig beziehungsweise überzogen und legt die Vermutung nahe, dass gleich der romantischen Motivik auch Gebrauch von der romantischen Ironie gemacht und somit eine selbstironische Distanz geschaffen wird. So bemerkt Kirsten Risselmann in einer Rezension in der *TAZ* über das Album *Pure Vernunft darf niemals siegen* folgendes:

> „Verklärt lächelnd, verlegen sie ihre überbewertete Sprecherposition ins Metaphysische und küren die Illusion zum Menschenrecht. Sie entschwinden ins Waldesdunkel bzw. Sternneblige – schon auf dem Cover sind die Köpfe von Arne Zank, Jan Müller, Dirk von Lowtzow und Neu-Bandmitglied Rick McPhail zwischen schattige Baumstämme montiert, was genauso albern aussieht, wie es sich anhört."[147]

Georg Diez kritisierte in einem Artikel in der Wochenzeitung *DIE ZEIT* hinsichtlich romantischer Tendenzen in der zeitgenössischen Pop-Lyrik, die sich neben Tocotronic unter anderem auch bei den Musikgruppen Blumfeld und Tomte finden lässt, dass in den Texten der Künstler keine klar formulierten Aussagen zu finden sind, was auf eine nicht eindeutig gekennzeichnete Ironie zurückzuführen ist: „Es sind Abgesänge ohne Adressaten, Selbstgespräche einer Gruppe von Postironikern."[148] Der Vorwurf der Unbestimmtheit der Aussagen bezieht sich auf die gesellschaftskritischen Elemente der Songtexte und auf die eingenommene gegenkulturelle Haltung des lyrischen Ichs, wel-

---

[141] Tocotronic: Aber hier leben, Nein Danke. Auf: CD *Pure Vernunft darf niemals siegen*, L'Age D'Or 2005.
[142] Tocotronic: Der achte Ozean. Auf: ebd.
[143] Tocotronic: In höchsten Höhen. Auf: ebd.
[144] Tocotronic: In tiefsten Tiefen. Auf: ebd.
[145] Tocotronic: Ich habe Stimmen gehört. Auf: ebd.
[146] Gerhard Schulz: Romantik. Geschichte und Begriff. 3. Aufl., München 2008, S. 32 ff.
[147] Kirsten Risselmann: Der Gang durch den Spiegel. In: TAZ vom 21.01.2005.
[148] Georg Diez: Die Romantik war ihr Schicksal. In: DIE ZEIT vom 24.05.2007.

che in Anbetracht der überdeutlichen Affirmation zur Romantik und zur romantischen Ironie in Frage gestellt werden müsse. Argumente für diese These von Diez wird die folgende Analyse des ersten Songs des Albums hervorbringen.

3.2.2 Wider dem Spießbürgertum – „Aber hier Leben, Nein Danke"

Entsprechend der soeben genannten romantischen Überdetermination präsentiert sich das lyrische Ich in dem ersten Song des Albums „Aber hier leben, Nein Danke" exponiert als idealtypische romantische Figur. In der ersten Strophe heißt es:

> „Ich mag's wenn sich die Wut entfacht / Und ich mag Deine Zaubermacht / Ich mag die Tiere nachts im Wald / Wenn sie flüstern, daß es schallt / Ich mag den Weg, ich mag das Ziel / Den Exzess, das Selbstexil / Ich mag erschaudern und nicht zu knapp / Ich gebe jedem etwas ab / All das mag ich"

Das lyrische Ich offenbart eine affirmative Beziehung zur Natur und zum Übernatürlichen, zum Irrationalen, zum rauschhaften Exzess, zur Ekstase und zum distinkten Selbstausschluss. Die exponierte Voranstellung der erwünschten Entfachung der Wut ist als Vorwegnahme der nachfolgenden, von Wut geprägten Artikulation des lyrischen Ichs lesbar. Der erregte, wütende und leicht aggressive Gesang und die dadurch transportierte Dringlichkeit der Aussagen unterstützt diese Lesart. Die Erregung, die das lyrische Ich empfinden und am Ende der Strophe teilen möchte, erweist sich allerdings zunächst als eine nicht gefüllte Leerstelle, da keine abzulehnende Opposition zur erwünschten Lebenswelt, also das, was das lyrische Ich nicht mag, gekennzeichnet ist.

Die zweite Strophe ergänzt die Präsentation des lyrischen Ichs um die Kategorie der Träumerei und der schauerromantischen Kategorie des Wahnsinns:

> „Ich mag die Wolken und den Wind / Ich mag das Licht, das Du mir bringst / Wenn Du Dich um bemühst / Wenn der Wahnsinn flammend grüßt / Wenn die Träume Funken sprühen / Und die weißen Blumen blühen / Ich mag die Engel, kurz vor dem Fall / Diamanten aus dem All / All das mag ich"

Die hier artikulierte Affirmation zum Wahnsinn erinnert einerseits an die romantische Motivik bei Ludwig Tieck oder E.T.A. Hoffman, andererseits, was die Umdeutung des Begriffs ins Positive betrifft, an ein Konzept der sogenannten Anti-Psychiatrie der 1970er Jahre, das unter Eindruck des Frühwerks von Michel Foucault, „Wahnsinn und Gesellschaft"[149], den Wahnsinn als eine Erweiterung des Bewusstseins versteht. Der psychiatrische Patient verbündet sich mit dem Wahnsinn gegen die Welt und macht

---

[149] Michel Foucault: Wahnsinn und Gesellschaft. Eine Geschichte des Wahns im Zeitalter der Vernunft. Aus dem Franz. von Ulrich Köppen. 1. Aufl., Frankfurt am Main 1995.

„aus der Krankheit eine Waffe"[150]. Ferner bekennt sich das lyrische Ich zum romantischen Liebensideal, dem Prinzip der individuellen Höchstrelevanz des Anderen, gekennzeichnet durch das gemochte Bemühen. Das in den Zeilen angesprochene Du fungiert für das lyrische Ich als ein Heilsbringer angesichts eines aufkommenden Wahnsinns und der Hinwendung zur Träumerei. Hierin offenbart sich sogleich ein Widerspruch, denn das lyrische Ich bekundet einerseits eine Affirmation zur Träumerei und zum selbstzerstörerischen Wahnsinn. Andererseits ist sich das lyrische Ich dieser selbstzerstörerischen Hinwendung bewusst und „mag" es aus diesem dunklen Szenario zurück ans „Licht" geführt zu werden.[151]

In der dritten und letzten Strophe erfolgt durch die Benennung der Sehnsucht, des Zweifelns und der Zuneigung zum Unproduktiven wiederum eine ergänzende Selbstverortung des lyrischen Ichs im Romantischen:

> „Ich mag die Spiegelung der Luft / Und wenn die Sehnsucht nie verpufft / Den Glanz des Lebens / In einem Tag / Ich mag den Zweifel, der an mir nagt / Wenn meine Angst mich schnell verlässt / Ich mag den Tanz, das Idiotenfest / Wenn wir irren, nachts im Kreis / Eine Bewegung gegen den Fleiß / All das mag ich"

Auffallend an den zitierten Zeilen ist die Formulierung: „Ich mag den Tanz, das Idiotenfest / Wenn wir irren, nachts im Kreis / Eine Bewegung gegen den Fleiß". Zunächst tritt hier durch die Verwendung der Worte „Tanz" und „Fest" ein selbstreferenzieller Aspekt hervor, denn der hier gesungene Song könnte quasi als musikalische Begleitung eines solchen Tanzes und Festes fungieren.[152] Ferner verdeutlicht das lyrische Ich erneut eine Affirmation zum (kollektiven) Wahnsinn, zur ziellosen Idiotie, dem „Idiotenfest", was als oppositionelle Verhaltensweise zu zweckgerichteten Handlungen, dem Fleiß, zu verstehen ist. An dieser Stelle gibt das lyrische Ich einzig explizit zu erkennen, was es nicht „mag", gar ablehnt, eben „den Fleiß". Diese Eigenschaft wird im romantischen Weltbild gemeinhin dem Bürgertum zugesprochen. Die Zeilen „Wenn wir irren, nachts im Kreis / Eine Bewegung gegen den Fleiß" erinnern an einen Film des Künstlers und Philosophen

---

[150] Sozialistisches Patientenkollektiv (Hg.): Aus der Krankheit eine Waffe machen. Eine Agitationsschrift des Sozialistischen Patientenkollektivs an der Universität Heidelberg. Mit einem Vorwort von Jean-Paul Sartre. München 1972.

[151] Dieser Zwiespalt wird auch im offiziellen Musikvideo zum Song deutlich. In dem Video spielen die Bandmitglieder blutüberströmt auf einem eskalierenden Konzert, während ein teilweise bewaffnetes und aggressives Publikum die Bühne stürmt, das musikalische Equipment zerstört und um ein Feuer tanzt. Vgl. das Video zum Song auf der Internetseite von Tocotronic: <http://www.tocotronic.de/videothek/aber-hier-leben-nein-danke/>. Datum des Zugriffs: 19.10.2010.

[152] Das ist wie erwähnt im Musikvideo der Fall.

Guy Debord, der seinen Film mit dem lateinischen Palindrom *In girum imus nocte et consumimur igni*[153] (lat.: Wir gehen des Nachts im Kreise und werden vom Feuer verzehrt) betitelte, sowie an das generelle Konzept des Umherschweifens der *Situationistischen Internationale*[154], das wiederum im erwähnten Film thematisiert wird. Das ziellose aber dennoch ritualisierte Umherschweifen nachts im Kreise, bewusst paradox gehalten als ein systematisches Sich-Verirren, umfasst im Verständnis der *Situationistischen Internationale* eine kulturelle Praxis der Aneignung und Zweckentfremdung von öffentlichen, urbanen Räumen mit dem Ziel der Neugestaltung des künstlerischen Alltags. Das Umherschweifen fungiert somit als ein politisch-künstlerischer Protest und als subversives Spiel, das sich den Handlungsmotivationen der kapitalistischen Gesellschaft widersetzt.[155]

Auf jede der drei Strophen folgt nach einem kurzen musikalischen Intermezzo der Refrain „Aber hier leben, Nein Danke". Unklar ist zunächst, worauf sich das lyrische Ich mit dem „hier" bezieht, an welchem Ort das lyrische Ich nicht leben möchte. Diesbezüglich sind zwei Lesarten möglich. Zunächst und aufgrund der Verwendung des Wortes „Aber" erscheint es plausibel, dass das lyrische Ich nicht auf Dauer in seiner eigens entworfenen Lebenswelt verweilen möchte, da es sich den drohenden Gefahren des Sturzes in den romantischen Abgrund, des dauerhaften Selbstverlusts im Wahnsinn als Folge der Suche nach Exzess und Selbstexil, bewusst ist.[156] Eine zweite Deutungsweise wäre, dass sich die ablehnenden Worte des Refrains auf eine Lebenswelt beziehen, die der vom lyrischen Ich entworfenen Welt entgegengesetzt ist. Unter Rückgriff auf die Romantik wäre dies die bürgerliche Lebenswelt. Für diese Deutung spricht, dass der „Fleiß", die bürgerliche Tugend schlechthin, das einzig genannte Element darstellt dem sich das lyrische Ich explizit verweigert. Ferner lässt sich diese Deutung durch die Tat-

---

[153] Vgl. Guy Debord: Film *In girum imus nocte et consumimur igni*, Frankreich 1978.

[154] Die von Debord und weiteren Künstlern gegründete Gruppierung *Situationistische Internationale* verstand sich als eine künstlerisch-politische Bewegung, welche mittels subversiver Praktiken eine Verschränkung von Kunst und Alltag erreichen und die Kunst aus den Produktionsverhältnissen der kapitalistischen Gesellschaft befreien wollte.

[155] Vgl. Brigitte Marschall: Öffentlicher Raum als theatraler Raum. Praktiken des Gehens und Strategien der Stadtnutzung. In: Inszenierung und Ereignis. Beiträge zur Theorie und Praxis der Szenografie. Hg. von Ralf Bohn u. Heiner Wilharm. Bielefeld 2009, S. 171-188, S. 179 ff.

[156] Das Motiv des Selbstverlusts im Wahnsinn infolge eines Selbstexils ist ein tragendes Element in Joris-Karl Huysmans' Roman „Gegen den Strich", welcher eine entscheidende Rolle für die später erfolgende Analyse des Songs „Gegen den Strich" einnehmen wird. Vgl. Joris-Karl Huysmans: Gegen den Strich. Aus dem Franz. von Brigitta Restorff. Mit einem Nachwort von Ulla Momm. 3. Aufl., München 2007.

sache stützen, dass „Aber hier leben, Nein Danke" eine recht augenscheinliche, poeto-logische Umarbeitung des Liedes „Ich mag"[157] von Volker Lechtenbrink ist, wobei der aus der Retrospektive betrachtet recht einfältig wirkende Refrain Lechtenbrinks „Und ganz doll dich" in „Aber hier leben, Nein Danke" abgeändert wird. In dem Song Lechtenbrinks demonstriert das lyrische Ich entsprechend einer konservativen Grund-haltung eine Affirmation zu traditionellen Familienwerten, einer idyllische Häuslich-keit, einer deutsch-provinziellen Gemütlichkeit und zum Lokalpatriotismus. Der Songtext von „Aber hier leben, Nein Danke" fungiert gewissermaßen als Kontrafaktur zu „Ich mag", als lebensstilistischer Gegenentwurf zum spießbürgerlichen Dasein. Der Refrain impliziert dem zu Folge eine Absage an das bürgerliche Leben und die gesell-schaftliche Realität. Verstärkt wird diese verweigernde Haltung durch ein weiteres, nicht literarisches Zitat im Refrain. „Atomkraft? Nein Danke", so lautete ein Slogan der insbesondere in den 1980er Jahren mittels Aufklebern, Buttons oder Fahnen durch An-hänger der Anti-Atomkraft- und Friedensbewegung verbreitet wurde[158] und auch ge-genwärtig, beispielsweise anlässlich des jährlich stattfindenden Castor-Transports, noch verbreitet wird. Durch die herstellbaren Bezugnahmen auf Foucault, das *Sozialistische Patientenkollektiv*, Guy Debord und die *Situationistische Internationale* und insbeson-dere durch das nicht literarische Zitat der Atomgegnerschaft wird die Ablehnung der bürgerlichen Welt eines Peter Lechtenbrinks und die damit korrelierende Flucht ins Romantische in Beziehung zur jüngeren Protestkultur gesetzt. Dadurch offenbart sich im Subtext eine politische Komponente.[159] Das hier angewandte Verfahren der

---

[157] Vgl. Volker Lechtenbrink: Single *Ich mag/Rufen sie 883*, Polydor 1981.

[158] Für einen Teil der Bewegung waren in den 1980er Jahren die aus Hamburg stammende Punkband Slime und die niederländische Rock- und Folkband Bots ein musikalisches Sprachrohr. In dem Song „Deutschland" sprachen sich Slime beispielsweise gegen Patriotismus, Faschismus und Atomkraftwerke, sowie für den Umweltschutz und den Frieden aus. Unter Rückgriff auf ähnliche inhaltliche Themen riefen die Bots beispielsweise in ihrem Song „Aufstehn!" zum aktiven Protest auf. Vgl. Slime: Deutschland. Auf: LP *Slime I*, Eigenproduktion 1981. / Vgl. Bots: Aufstehn!. Auf: LP *Aufstehn!*, Musikant 1980.

[159] Die heraus lesbaren politischen Implikationen werden von Dirk von Lowtzow in einem Interview der elektronischen Zeitschrift *Straßen aus Zucker* teilweise bestätigt und als Reaktion auf eine zunehmende Nationalisierung in Deutschland beschrieben: „Es ist wie bei vielem von uns schwer, dem Song eine ganz eindeutige Bedeutung zu geben. Aber das Lied wurde zu einer Zeit geschrieben, als eine nationale Identitätsbildung sehr gewünscht und auch von medialer Seite propagiert wurde. Es gab solche Mobilisierungskampagnen wie „Du bist Deutschland", Zeitungscover mit Sprüchen wie „Kopf hoch, Deutschland". Die Leute wurden damit regelrecht malträtiert. Wir wollten auf unsere kryptische Art da was dagegen halten. Das Lied erzählt ja von romantischen Bildern, von Tieren im Wald und so – ganz viele Sachen, die man interessant findet, aber der unbedingte Glauben oder das Gefühl hier, in diesem Land gerne zu leben, das will man eigentlich nicht. […] Solche Lieder wie „Aber hier leben, Nein danke" entstehen einfach auch aus einer extremen Wut gegenüber dieser

Bricolage, die Zusammensetzung und Rekontextualisierung von gegenkulturellen Haltungen, erzeugt in Kombination mit dem Motiv des romantischen Eskapismus und der nicht vorhandenen Ausformulierung des Nicht-Gemochten des lyrischen Ichs insgesamt eine seltsam anmutende, symbolische Form der Dissidenz, welche aufgrund selbstkritisch lesbarer Elemente, wie das des „Idiotenfest[es]", in ihrer Ernsthaftigkeit gebrochen wird, was dazu führt, dass die gegenkulturelle Positionierung des lyrischen Ichs letztendlich hinterfragt werden muss.

3.2.3 Ein leeres Heilsversprechen? – „Keine Angst für niemand"

Der Song „Keine Angst für niemand", lässt sich in einen direkten Bezug zum Song „Aber hier leben, nein danke" setzen, wo der Verlust der Angst in der Zeile „Wenn meine Angst / Mich schnell verlässt" bereits thematisiert wurde. Nach dem Vollzug der Flucht ins Romantische, Phantastische und Träumerische ist das lyrische Ich an einem Refugium angelangt, an einem Ort der vollends von Angst befreit zu sein scheint:

> „Hier gibt es keine Angst / Für niemand / Jetzt wo das Mondlicht kommt / Den alten Weg entlang / Die Tiere stehen am Straßenrand / Wir sehen uns wieder irgendwann / Hier gibt es keine Angst / Für niemand / Jetzt wo der Morgen kommt / Den alten Weg entlang / Gestalten stehen am Straßenrand / Wir sehen uns wieder irgendwann / Hier gibt es keine Angst / Für niemand / Jetzt wo der Nachtwind weht / Werden wir uns wieder sehen / Am alten Weg entlang / Die Zäune stehen am Straßenrand / Hier gibt es keine Angst / […] Ein ganzes Leben lang"

Das als eine Art Heilsversprechen zu deutende „Hier gibt es keine Angst" impliziert zunächst, dass ein raumsemantischer Ort existiert, der in Opposition zu dem hier beschrieben steht und sich entsprechend über die Angst konstituiert. Das Versprechen eines von Angst befreiten Ortes, dessen Umschreibung im Übrigen äußerst unbestimmt ist, wird durch die eher düsteren Elemente – das „Mondlicht, der „Nachtwind" und die „Gestalten" – allerdings konterkariert, was auch der Gesang, der von einem leichten Echo begleitet wird und die beklemmend wirkende musikalische Inszenierung verdeutlichen. Die letzte Zeile des Songs, „Die Zäune stehen am Straßenrand", ist dahingehend zu deuten, dass der angeblich von Angst befreite Ort zudem freiheitliche Beeinträchtigungen mit sich bringt, was dem Heilsversprechen aber grundsätzlich zu wider läuft. Der Titel „Keine Angst für niemand" verweist nun explizit auf einen Song der linkspolitischen

---

blödsinnigen Gehirnwäsche." Vgl. das Interview mit Dirk von Lowtzow auf der Internetseite von *Straßen aus Zucker*: <http://strassenauszucker.blogsport.de/images/strassenauszucker4.pdf>. Datum des Zugriffs: 17.10.2010.

Musikgruppe Ton Steine Scherben: „Keine Macht für niemand"[160]. Letzterer Titel impliziert gewissermaßen eine parolisierte Übersetzung des Begriffs der Anarchie. Der Song fungiert insgesamt als außerordentlich politisch formulierter Protest gegen jegliche Herrschaftsstrukturen, gegen die Ausübung von Macht und gegen Disziplinierung und Unterdrückung, und er ruft zum solidarischen und gemeinschaftlichen, politischen Kampf gegen das staatliche System auf, der mit der Verbreitung der hier formulierten Parole beginnen soll: „Schreibt die Parole an jede Wand / Keine Macht für niemand". Der Song wurde aufgrund der politischen Implikationen und des Aufrufs zum aktiven Kampf gegen das herrschende System oft als linksextremistisch eingestuft. Laut dem Journalisten Hollow Skai komponierte die Musikgruppe Ton Steine Scherben beziehungsweise Rio Reiser den Song ursprünglich als musikalische Kampfparole für die Rote Armee Fraktion, die diesen jedoch als „Blödsinn, irrelevant und für den antiimperialistischen Kampf unbrauchbar"[161] empfanden und daher ablehnten. In der Tat erscheint die Parole „Keine Macht für niemand" auch wegen der hier vorliegenden Doppelnegation als semantisch sinnentleert[162], da eine real-praktische, politische Umsetzung, sprich die Verwirklichung der Anarchie schlichtweg im Chaos enden würde. Unter Berücksichtigung dieses Verweises erhält auch der Song von Tocotronic eine politische Komponente, indem eine Umwandlung der ursprünglich politischen Forderung in ein psychisches und innerliches Heilsversprechen erfolgt, was Rückschlüsse auf eine als defizitär empfundene Gesellschaft zulässt. Der von Angst befreite Ort wirkt infolge dessen als ein Konglomerat aus romantischer Vorstellung eines idyllischen und harmonischen Ortes und der Verwirklichung eines linken, erlösungsutopischen Entwurfs.[163] Doch gleich der Parole der Ton Steine Scherben ist das Heilsversprechen „Keine Angst für niemand", nicht zuletzt auch aufgrund der konterkarierenden Momente eine inhalts-

---

[160] Ton Steine Scherben: Keine Macht für niemand. Auf LP *Keine Macht für niemand*, David Volksmund Produktion 1972.

[161] Zitiert nach Peter Köhler: Die schönsten Zitate der Politiker. Baden-Baden 2005, S. 196.

[162] In den 70er Jahren entstand in Reaktion auf den Song der Ton Steine Scherben der parodistische Spruch „Kein Nichts in Nirgends und anderswo". Vgl. ebd.

[163] Ein solcher erlösungsutopischer Entwurf eines angstfreien Ortes wird beispielsweise auf dem bereits genannten Album der Ton Steine Scherben in den Songs „Schritt für Schritt ins Paradies" und „Der Traum ist aus" aufgegriffen.

leere Floskel[164], die letztendlich nicht mehr als eine vom Rezipienten zu füllende Chiffre darstellt.[165]

3.2.4 Stirb, alte Welt! – „Gegen den Strich"

Der Song „Gegen den Strich" knüpft vom Titel her an die Verfolgung eines alternativen Lebensstils an. Der Songtext beginnt mit einem Zitat, welches gemeinhin dem Schriftsteller Oscar Wilde zugesprochen wird. Dieser kommt mittels einer formalen Kennzeichnung durch einen Doppelpunkt und nachfolgende Anführungsstriche gewissermaßen selbst zu Wort: „Ich denk an das, was Du empfiehlst: / „Talent borrows, Genius steals"". Das Zitat Wildes impliziert eine poetologische Reflexion über die Textcharakteristik der Songtexte Tocotronics im allgemeinen, als auch über diesen Song im speziellen, wobei die Betitelung als Genie wie schon bei Wilde durchaus selbstironisch zu verstehen ist. Die Reflexion als solche ist durch den Prozess des Denkens des lyrischen Ichs gekennzeichnet. Die Grenze zwischen Autor und lyrischem Ich werden nun aufgehoben, da das lyrische Ich nicht nur an die zitierte Empfehlung „denkt", sondern diese auch sozusagen befolgt, denn der Titel des Songs ist von dem gleichnamigen Roman von Joris-Karl Hyusmans, „Gegen den Strich"[166], im Sinne Oscar Wildes gewissermaßen gestohlen.[167] Im Mittelpunkt des Romans steht der nervenkranke und neurotische Protagonist Des Esseintes. Dieser ist in der Diegese des Romans der gesellschaftlichen Realität überdrüssig, da sie ihm keinerlei Befriedigung mehr beschafft.[168] Um der ihm verhassten, realen Welt zu entfliehen, erschafft sich Des Esseintes in einem abgelegenen Landhaus eine eigene, morbide Scheinwelt und sucht Trost im Irrealen, Künstlichen und Exotischen. So gibt sich Des Esseintes beispielsweise ganz dem Sammeln und Betrachten von besonderen Büchern und Bildern, seltenen Pflanzen oder Edelsteinen hin und verschafft sich mittels Drogen Farb- und Geruchshalluzinationen. Des Esseintes ent-

---

[164] Ole Petras bemerkt diesbezüglich, dass die Umwandlung der politischen Aussage des Songs der Ton Steine Scherben in ein Heilsversprechen eine Nähe zur Convenience-Kultur aufweist und die Zeilen „Hier gibt es keine Angst / Für niemand" auch als ein Werbespruch einer Versicherungsgesellschaft fungieren könnte. Vgl. Petras: Dialektik der Auflösung, im Erscheinen.

[165] Der Rückgriff Tocotonics auf die Parole der Ton Steine Scherben kann zusätzlich als ein selbstreferenzieller und selbstironischer Verweis auf die eigene Parolenhaftigkeit der Texte gedeutet werden.

[166] Huysmans: Gegen den Strich.

[167] Im offiziellen Musikvideo wird der Roman Huysmans' gegen Ende des Songs in einer kurzen Einstellung eingeblendet. Vgl. das Musikvideo auf der Internetseite von Tocotronic: <http://www.tocotronic.de/videothek/gegen-den-strich/>. Datum des Zugriffs: 24.10.2010.

[168] Diesbezüglich heißt es im Roman in deutscher Übersetzung: „Ah! Brich zusammen, Gesellschaft! Stirb, alte Welt!". Vgl. Huysmans: Gegen den Strich, S. 260.

schwindet somit in eine Welt der Phantasie und des Artifiziellen und lebt „Gegen den Strich", gegen das Normale. Der exzentrische Lebensstil und die einhergehende, zunehmende Vereinsamung verschlimmern die Neurose des Protagonisten und es kommt unweigerlich zu einem körperlichen und psychischen Zusammenbruch. Am Ende des Romans kehrt Des Esseintes notgedrungen in die gesellschaftliche Realität und zu einer normalen Lebensführung zurück. Die Frage der körperlichen und psychischen Genesung bliebt indessen offen, muss aufgrund des pessimistischen Grundtons vom Rezipienten jedoch eher verneint werden. Der Roman Huysmans' ist zugleich eine Schilderung des pathologischen Verlaufs eines Individuums als auch eine Analyse eines Zeitgeistes, des Dekadenzgefühls. Der Roman gilt daher als ein Hauptwerk der Dekadenzliteratur des Fin de Siècle. Darüber hinaus ist der Roman ein Musterbeispiel literarischer Selbstreferentialität. Der intertextuelle Verweis auf den Roman von Huysmans bewirkt einerseits, dass das Motiv der Realitätsflucht und des Selbstexils, der Wunsch nach einem alternativen Leben, wie es in „Aber hier leben, Nein Danke" thematisiert wurde, erneut aufgegriffen beziehungsweise weiter ausgeführt wird. So heißt es im Refrain: „Du streichst mir über / Mein Gesicht / Gegen die Welt / Gegen den Strich / Meine Liebe / Dein Verzicht / Gegen die Welt / Gegen den Strich". Die eher abstrakten Formulierungen in „Aber hier leben, Nein Danke" und das auch hier unbestimmt gehaltene Aufbegehren „Gegen die Welt" werden durch das Aufzeigen eines möglichen Lebensstils, nämlich den des Protagonisten Des Esseintes, konkretisiert. Der Verweis auf Huysmans' Roman impliziert auch einen Hinweis auf Gefahren eines solchen Lebensstils und offenbart somit eine differenzierte Sicht eines Lebens „Gegen den Strich". Darüber hinaus bewirkt der Verweis auf Huysmans' Roman zusammen mit dem Zitat Oscar Wildes im Sinne der Romantik und dem ihr immanenten Diktum einer Poetologie der unendlichen Reflexionen eine Sublimierung des Songs zur reinen Selbstbezüglichkeit. Kombiniert wird der Gestus der Verweigerung des Lebens „Gegen den Strich" in der zweiten Strophe – wiederum ganz im Sinne Oscar Wildes – mit einem abgewandelten Zitat der von Emil Luckhardt 1910 übersetzten *Internationale*, dem wohl bekanntesten Kampflied der sozialistischen Arbeiterbewegung: „Völker! Auf zum Gefecht! / Die Illusion wird Menschenrecht / Ich bin nicht allein in meiner Sucht / Vor den Spießern auf der Flucht". Der Bezug zu Huysmans' Roman ist augenscheinlich, da sich der Protagonist im Roman, wie thematisiert, der Illusion hingibt beziehungsweise in diese flüchtet.

Hier wird die Illusion gemäß der Forderung der *Internationale* allerdings zum Menschenrecht proklamiert. Der Song erhält durch den Verweis auf die *Internationale* und durch die Zeile „Vor den Spießern auf der Flucht" wie schon die vorangegangen Songs „Aber hier leben, Nein Danke" und „Keine Angst für niemand" eine politische Komponente. Die politische Proklamation der Illusion als universelles Menschenrecht wirkt jedoch recht absurd und verweigert sich jeglichem Versuch einer Sinnstiftung.[169] Das auch hier vorliegende, textliche Verfahren der Rekontextualisierung gegenkultureller Haltungen, die Kombination von Huysmans' Roman mit der *Internationale*, führt dazu, dass die nicht mögliche Realisierbarkeit der eigenen Forderung zur zentralen Aussage des Songs und somit die sinnstiftende Funktion von Kunst hinterfragt wird.

3.2.5 Die Leichtigkeit des Seins – „Pure Vernunft darf niemals siegen"

Der für das Album titelgebende Song „Pure Vernunft darf niemals siegen" scheint zunächst an Immanuel Kants „Kritik der reinen Vernunft"[170] (im Englischen: „The Critique of *pure* [Hervorhebung, J.K.] Reason") orientiert zu sein. Der Songtext fragt jedoch nicht wie Kants Abhandlung nach den Wegen, Möglichkeiten und Grenzen des Erkenntnisgewinns durch die reine Vernunft. Eher ist die „Pure Vernunft" in Anlehnung an die Vernunftkritik der Kritischen Theorie der Frankfurter Schule als instrumentelle, zweckrationale Vernunft zu deuten. Die „Pure Vernunft" wird darüber hinaus mit Lügen gleichgesetzt. Die Lügen der Vernunft sollen nun „dringend" durch „neue Lügen" ersetzt, ein Krieg gegen Lügen mittels neuer Lügen geführt werden:

> „Pure Vernunft darf niemals siegen / Wir brauchen dringend neue Lügen / Die uns durchs Universum leiten / Und uns das Fest der Welt bereiten / Die das Delirium erzwingen / Und uns in schönsten Schlummer singen / Die uns vor stumpfer Wahrheit warnen / Und tiefer Qualen sich erbarmen / Die uns in Bambuskörben wiegen / Pure Vernunft darf niemals siegen / […] Die uns den Schatz des Wahnsinns zeigen / Und sich danach mit uns verbeugen / Und die zu Königen uns krönen / Nur um uns heimlich zu verhöhnen / Und die uns in die Ohren zischen / Und über unsere Augen wischen / Die, die uns helfen wollen bekriegen / Pure Vernunft darf niemals siegen"

Entgegen eines ersten Eindrucks nimmt der Songtext somit eine Gegenhaltung zu Kants Vernunftauffassung ein, denn nicht der Erkenntnisgewinn steht zur Debatte, sondern das Gegenteil: Die Nivellierung der Erkenntnis durch bewussten Selbstbetrug, durch Selbsttäuschung, fernab der „Wahrheit", die als stumpf empfunden wird. Der Songtext

---

[169] Vgl. Petras: Dialektik der Auflösung, im Erscheinen.
[170] Vgl. Immanuel Kant: Kritik der reinen Vernunft. In: ders.: Werke in sechs Bänden, Band 2. Hg. von Wilhelm Weischedel. Darmstadt 1956.

offenbart somit eine gegen die Wahrheit und Erkenntnis zielende, alternative Lebens-
strategie, was Kant sinngemäß ein Lügen neuer Länder nannte und entsprechend ab-
lehnte.[171] Die Strategie des alternativen Lebens korreliert nun mit einer emphatischen
Hinwendung zu „Lügen", die einen fortan durch das Leben führen sollen und dieses in
ein ständiges Fest verwandeln. Das besungene „Delirium", der „Schlummer", die Wah-
rung vor der „Wahrheit" und der „Schatz des Wahnsinns" als Folge der Absage an die
„Pure Vernunft" und als gewollter Preis der Lügen sind als Metaphern für den alternativen Lebensweg zu lesen und erscheinen in der Reihung synonym. Zwischen den Zeilen
klingt die Forderung der Illusion als Menschenrecht aus „Gegen den Strich" an. Das
erwünschte, alternative Leben in einer Welt voller Lügen, einer illusionären und wahn-
haften Welt, wendet sich gegen die gesellschaftliche Funktionalität, was letztendlich zur
Selbstausschließung aus der gesellschaftlichen Realität und zu einem Leben „Gegen den
Strich" führt. In den insgesamt drei Strophen folgt eine affektive, emotionale Steigerung
des Gesangs. Nach jeder Strophe gipfeln der zuvor im Text entworfene, emphatische,
alternative Lebensentwurf und die Notwendigkeit von Lügen, in einem übertrieben anmutenden, hymnischen „Lalala", zu deuten als absoluter Ausdruck des zu feiernden
„Fest[es] der Welt". Zum Ende des Songs scheint der Krieg gegen die Vernunft gewon-
nen und es wird ein nicht menschenmöglicher Zustand erreicht. „Wir sind so leicht, dass
wir fliegen", heißt es in Variation des Songtitels wiederholt. Die metaphorisch zu lesende Zeile verdeutlicht einerseits zutiefst das Ergebnis der Absage an die Vernunft und
der totalen Hinwendung zur Lüge, andererseits wirkt sie jedoch recht kitschig und über-
laden. Das hymnische Moment, welches an den Schlager oder an Kinderlieder erinnert
und die zitierte, sich wiederholende letzte Zeile untergraben letztendlich die Ernsthaftigkeit der zuvor getroffenen Aussagen, dessen ohnehin fragwürdige Quintessenz der
Ausschluss aus der Gesellschaft und die Bejahung eines alternatives Lebens voller Lügen ist. Folglich lässt sich nicht vollends entscheiden, ob der Song insgesamt eine kritische Position zur Gesellschaft einnimmt oder das Einnehmen dieser kritischen Positionen letzten Endes selbstironisch persifliert und negiert wird.

---

[171] Ebd., S. 267.

3.2.6 Mein System kennt keine Grenzen – „Ich habe Stimmen gehört"

Der Titel, „Ich habe Stimmen gehört", des letzten Songs des Musikalbums klingt zunächst nach einer repetitiven Thematisierung eines aufkommenden Wahnsinns, denn im Allgemeinen wird das Hören von Stimmen mit der psychischen Erkrankung der Schizophrenie assoziiert.[172] Tatsächlich ist der Titel eine Allegorie für die Grenzüberschreitung, die Transgression des lyrischen Ichs, und der Songs als Ganzes fungiert als eine abschließende und zusammenfassende, reflexive Beschreibung eben dieser, wie sie in den vorgegangenen Songs bereits implizit thematisiert wurde:

> „Ich habe Stimmen gehört / Ich habe Dinge gesehen / Die waren so schön / Wie nichts auf der Welt / Ich habe die Schwelle gekreuzt / In die Unendlichkeit / Der Weg war weit / Ich war wie Treibholz der Zeit / [...] Nur wer die Stimme verstellt / Wird endlich frei sein und gehen / Ich hab' ins Dunkel gesehen / [...] Ich war wie verstört / Vom Anblick der Welt / Ich hab die Schwelle gekreuzt / In die Unendlichkeit / Der Weg war weit / Ich wollte ihn gehen / Alles wird umgeweiht / In eine Herrlichkeit / Jetzt bin ich bereit / Ich fürchte nichts weit und breit / Ich werde frei sein und gehen / Zur nächsten Station"

Schon 1999 verkündeten Blumfeld mittels Kinderchor: „Mein System kennt keine Grenzen"[173]. Dieser konzeptuelle Gestus wird hier weiter ausgearbeitet. Das lyrische Ich berichtet von transzendentalen Erfahrungen, und der romantische, teilweise esoterische Eskapismus dient als Instrument einer gewaltigen Selbstentgrenzung, die lediglich durch Metaphern wie die der „Unendlichkeit" oder der „Schwelle" zu erfassen sind. Die Schilderung der grenzüberschreitenden Erfahrungen, die an ein Erweckungserlebnis erinnern, führen zu Welt- und Selbstgewinn und die Welt wird ganz im Sinne der romantischen Forderung eines Novalis in eine „Herrlichkeit" „umgeweiht".[174] Ausgehend von dieser verkündeten, neuen „Herrlichkeit" lebt das lyrische Ich nun vollkommen ohne Angst, in völliger Freiheit und es kann weitere Grenzgänge vollziehen: Ich werde frei sein und gehen / Zur nächsten Station". Neben der romantischen Verortung der Grenzerfahrungen des lyrischen Ichs klingen hier Überlegungen des französischen Schriftstel-

---

[172] Des Weiteren ist der Titel ein Zitat der letzten Worte in Alfred Hitchcocks Film *Vertigo*: „I hear voices. God have mercy." Vgl. Alfred Hitchcock: Film *Vertigo*, USA 1958.

[173] Blumfeld: Mein System kennt keine Grenzen. Auf: CD *Old Nobody*, 1999

[174] Novalis wollte durch die romantische Poesie die Welt verwandeln. Die Dichtung solle in die Realität übergehen und die Realität werde durch die Romantik neu erschaffen, so dass das der Welt ursprünglich innewohnende, wunderbare Potential durch den Freisetzungsprozess des Romantisierens wieder zum Vorschein gebracht, das Geheimnis der Welt und der Zauber aufgedeckt werde. Der Romantische Poet verkünde nun das verwandelte Reich der Liebe, des Friedens und der Harmonie, denn nur die romantische Poesie kann die verborgenen Möglichkeiten der Welt wieder aufscheinen lassen. Vgl. Andrea Neuhaus: Kommentar zu Heinrich von Ofterdingen. In: Novalis: Heinrich von Ofterdingen. Mit einem Kommentar von Andreas Neuhaus. Frankfurt am Main 2007, S. 193-254, S. 208 f.

lers und Philosophen Georges Batailles an. In Batailles Werken lassen sich bestimmte, wiederkehrende Topoi zur grenzüberschreitenden Philosophie finden. Dazu zählen eben die Grenzüberschreitung, die Selbstentgrenzung und das Erreichen von Schwellenzuständen, die entgrenzende Vernunft, das Erlebnis der Selbstaufgabe, das Evozieren von verstörenden Fremdheitserfahrungen, als Folge davon Verwirrung und einher die Umorientierung von Sinneseindrücken, sowie Welt- und Selbstgewinn.[175] Nach Bataille vermag eine Grenzüberschreitung, etwa in Form der Ekstase, die Fesseln der Vernunft zu lösen. Durch die Ekstase wird ein Schwellenzustand erreicht, der es einem ermöglicht, den profanen, durch Arbeit und Vernunft konstituierten Alltag, dessen Regeln und Verbote, hinter sich zu lassen, neue, innere Erfahrungen zu evozieren und die Welt als Ganzes zu erfassen.[176] Anknüpfend an Batailles philosophische Grenzüberschreitung können Überlegungen Foucaults hinzugezogen werden. Foucault stellt in seinem Aufsatz „Was ist Aufklärung" die Überlegung an:

> „daß nicht die Treue zu doktrinären Elementen der Faden ist, der uns mit der Aufklärung verbinden kann, sondern die ständige Reaktivierung einer Haltung - das heißt eines philosophischen Ethos, das als permanente Kritik unseres historischen Seins beschrieben werden könnte."[177]

Ein solches philosophisches, der Aufklärung verhaftetes Ethos versteht Foucault als ein Prinzip der Grenzhaltung, einem Aufhalten in Grenzbereichen: „Wir müssen die Alternative des Außen und Innen umgehen; wir müssen an den Grenzen sein. Kritik besteht gerade in der Analyse der Grenzen und ihrer Reflexion."[178] Praktiziert werden soll die Grenzhaltung in der Vorstellung Foucaults von einem Typus eines aufgeklärten Dandys, welcher einerseits die Unvermeidbarkeit von Grenzziehungen anerkennt, andererseits dem implizierten Dogmatismus der Grenzziehungen von Innen und Außen entweicht, in dem diese permanent experimentell überschritten werden. Das bedeutet, dass der aufgeklärte Dandy, wie er beispielsweise durch Baudelaire verkörpert wurde, sein Leben selbst zu einem Kunstwerk gestaltet und sich dabei immer wieder neu erfindet. Mit der Gestaltung des Lebens als Kunstwerk geht ein Bewusstsein der Ironie als Teil des philo-

---

[175] Vgl. Andreas Hetzel u. Peter Wiechens: Eine erste Vorrede zur Überschreitung. In: dies.: George Bataille. Vorreden zur Überschreitung. Würzburg 1999, S. 7-14.

[176] Thomas Rolf: „Vom Subjekt auf den Siedepunkt". Zur Phänomenologie der Ekstase bei Ludwig Klages und George Bataille. In: ebd., S. 113-132, S. 125 ff. Das Motiv der Ekstase wurde insbesondere in „Aber hier leben, Nein Danke" aufgegriffen.

[177] Michel Foucault: Was ist Aufklärung. In: Ethos der Moderne. Foucaults Kritik der Aufklärung. Hg. von Eva Erdmann, Rainer Forst u. Axel Honneth. Frankfurt am Main/New York 1990, S. 35-54, S. 45.

[178] Ebd., S. 48.

sophischen Ethos einher. Durch eine bewusste, ironische Distanz wird der wechselnde Rollencharakter und deren Selbststilisierung jederzeit anerkannt und zugleich transparent gemacht. Basierend auf diesen Überlegungen Foucaults bemerkt Jens Szameit zum Musikalbum *Pure Vernunft darf niemals siegen* folgendes:

> „Das jugendliche Rebellentum des Frühwerks, die Science-Fiction-Ästhetik von K.O.O.K., sowie der Romantizismus und Mystizismus der vergangenen beiden Alben vereinigen sich zu einer immer auch heroischen Haltung, welche den eigenen, kontingenten Rollencharakter mitreflektiert. Das Kontinuierliche innerhalb dieser Veränderungen bleibt letztlich das Fortschreiben einer Bewegung wie sie in „Gegen den Strich" auf den Punkt gebracht wird: Eine Verweigerungshaltung allen Vereinnahmungs- und Kategorisierungsversuchen gegenüber, indem sie sich an den Grenzen aufhält, um diese von dort immer aufs Neue experimentell in eine andere Richtung zu überschreiten."[179]

Tocotronic entsprechen im Sinne Foucaults dem Typus des aufgeklärten, experimentell grenzüberschreitenden Dandys und gestalten ihr Leben, im Kontext dieses Albums, zu einem romantischen Kunstwerk. Die bewusste ironische Distanz zum wechselnden Rollencharakter wird in zwei signifikanten, selbstreflexiv lesbaren Textzeilen aus „Ich habe Stimmen gehört" besonders deutlich zum Ausdruck gebracht: „Nur wer die Stimme verstellt / Wird endlich frei sein und gehen". Das Verstellen der „Stimme" besteht nun in der Verknüpfung der gegenkulturellen, romantischen Elemente mit weiteren Versatzstücken der Protestkultur mit dem Ziel, die Kunst und deren Möglichkeiten der Kritik als auch deren Möglichkeiten der Sinnstiftung zur Disposition zu stellen.

3.3 Analyse: *Kapitulation* (2007)

3.3.1 Vorbemerkungen

Kapitulation – so lautet der Titel des insgesamt achten Studioalbums von Tocotronic. Der Begriff als solcher ist ursprünglich ein militärischer Begriff, und die Kapitulation bezeichnet im allgemeinen Sprachgebrauch eine völkerrechtliche Unterwerfungserklärung, die einen Verzicht auf weiteren Widerstand beinhaltet. Auf den ersten Blick wird der eigentlich negativ konnotierte Begriff der Kapitulation, die militärische Niederlage, in den Songtexten des Musikalbums umgedeutet und variiert und stellt sich als Kapitulation vor den gesellschaftlichen Gegebenheiten dar, wobei die Kapitulation paradoxerweise als subversive Strategie und als letztmöglicher passiver Widerstand

---

[179] Jens Szameit: System ohne Grenzen. Foucault, Tocotronic und das Deutschsein nach dem Untergang. In: Soma (2005), Heft 19, S. 16-17.

gegen die gesellschaftlichen Verhältnisse aufzufassen ist, der letztendlich dazu führt, dass die als defizitär empfundene Gesellschaft ihrerseits zu kapitulieren hat.[180] Das Albumcover zeigt nun einen Mann mit erschöpftem, traurigem und resignierendem Gesichtsausdruck sowie rot unterlaufenden Augen, dem die Kapitulation als letzter Ausweg förmlich ins Gesicht geschrieben zu seien scheint.[181] Die Kapitulation umschreibt im Wesentlichen das Gesamtkonzept des Albums, denn in fast jedem Song wird die Thematik der Kapitulation aufgegriffen beziehungsweise variiert. Besonders deutlich kommt das Konzept in den Songs „Mein Ruin", „Kapitulation", „Verschwör dich gegen dich", „Sag alles ab", „Luft" und „Explosion" zum Tragen, die sich allesamt zunächst als Hymnen der Verweigerung lesen lassen.[182] Die Songtitel und manche Zeilen der Songtexte sind im Booklet bewusst in Versalien abgedruckt, um eine besondere Dringlichkeit und Relevanz der getroffenen Aussagen aufzuzeigen beziehungsweise zu suggerieren. Das Gesamtkonzept lässt sich des Weiteren als Fortführung des Vorgängeralbums deuten. Im Song „Der achte Ozean" heißt es: „Die Stimmen werden zu Gesang: / "Wir leben hoch in unserem Niedergang"'[183]; im Song „In tiefsten Tiefen": „Von hier aus / Gehen wir weiter / Von mir aus / Können wir scheitern"[184]. Auf den romantisch geprägten Eskapismus, der letztendlich gescheitert ist, so ließe sich schlussfolgern, folgt die Kapitulation als ultimative Verweigerungshaltung. Wie schon bei *Pure Vernunft darf niemals siegen* kam im Feuilleton die Frage nach den selbstironischen Zügen des Albums und der Ernsthaftigkeit der subversiven Strategie der Kapitulation auf:

> „Wobei niemand weiß: Ist das tatsächlich alles ernst gemeint? Wie eine hartnäckige, ärgerliche Hinterlassenschaft der Neunzigerjahre strahlt die Ironie noch auch aus der seriösesten Idee."[185]

---

[180] Dies wird insbesondere im Titelsong deutlich. Das Album fand aufgrund dieses Konzeptes im überregionalen Feuilleton größtenteils einen enormen Zuspruch. Beispielhaft für die positive Rezeption sind in etwa die Besprechungen von Dietmar Dath in der *FAZ* und von Dirk Peitz in der *SZ*. Vgl. Dietmar Dath: Studienabbruch, Kündigung, Erlösung. Die neue „Tocotronic". In: FAZ vom 07.07.2007 / Vgl. Dirk Peitz: Deutsche Popmusik. Tausend Tränen tief. In: SZ vom 30.06.2007.

[181] Das Coverbild basiert auf einem Gemälde des amerikanischen Malers Thomas Eakins (1844-1916), welches von dem dänischen Künstler Henrik Olesen reinszeniert wurde.

[182] Bis auf „Verschwör dich gegen dich" sind die genannten Songs daher auch Gegenstand der folgenden Analyse.

[183] Tocotronic: Der achte Ozean. Auf: CD Pure *Vernunft darf niemals siegen*, L'Age D'Or 2005.

[184] Tocotronic: In tiefsten Tiefen. Auf: CD *Pure Vernunft darf niemals siegen*, L'Age D'Or 2005.

[185] Michael Pilz: Widerstand ist zwecklos. Rezension zu „Kapitulation". In: Welt Online: <http://www.welt.de/welt_print/article1001868/Widerstand_ist_zwecklos.html>. Datum des Zugriffs: 29.10.2010.

Anlass zur Anzweifelung der „seriösen Idee" der Kapitulation gab bereits ein von Tocotronic vorab der Veröffentlichung des Musikalbums verfasste Manifest.

3.3.2 Das tocotronische Manifest

Das von Dirk von Lowtzow gesprochene Manifest war auf der offiziellen Internetseite von Tocotronic[186] zu hören.[187] Es beginnt mit den Worten: „Kapitulation. Das Schönste Wort in deutscher Sprache. Kapitulation. Wie Töne die Tonleiter hinauf, so gleiten die Silben die Zunge hinab." Auffällig ist zunächst die Zuordnung des Wortes zur Deutschen Sprache, wohlwissend, so könne Dirk von Lowtzow beziehungsweise Tocotronic durchaus unterstellt werden, dass der Begriff eigentlich dem Französischen entstammt. Hervorgehoben wird hier vorerst der positiv zu bewertende, phonetische Klang. Es folgt eine fließende, semantische Umdeutung des eigentlich negativ besetzten Begriffs der Kapitulation. Der Akt des Kapitulierens wird zum „Triumph" glorifiziert:

> „Vielmehr als das ordinäre Scheitern ist die Kapitulation vor allem dies: ein Zerfall, ein Fall, eine Befreiung, eine Pracht, eine Hingabe. Die endgültige Unterwerfung. Die größte aller Niederlagen und gleichzeitig unser größter Triumph."

Zu dieser Erkenntnis gelangten Tocotronic beziehungsweise das Sprecherkollektiv in Folge eines mystischen Erweckungserlebnisses, wie die nächsten Zeilen zu verstehen geben:

> „Mit der Gitarre in der Hand und dem Lorbeerkranz auf der Stirn sind wir tief in die Unterwelt gereist und auf die allerschönste Art und Weise daraus hervorgegangen. Unser Besuch in der Vorhölle war die Voraussetzung für das Gelingen unserer Vorhaben: Der Ausbruch aus der Festung."

Diese Zeilen lassen erkennen, dass das „Vorhaben" des „Ausbruch[s] aus der Festung", zu deuten als Befreiung von gesellschaftlichen Zwängen und die daraus resultierende Erkenntnis der Kapitulation als unterwandernde Strategie beziehungsweise als erlösende Lebensphilosophie, nicht ganz ernst gemeint sein kann. Das hier entworfene Bild der heroisch triumphierenden Musiker auf Entdeckungsreise in die „Unterwelt"

---

[186] Vgl. die offizielle Internetseite von Tocotronic: <www.tocotronic.de>.

[187] Nach Veröffentlichung des Albums wurde das lediglich hörbare Manifest von der Internetseite genommen und es existiert nur noch auf der Schallplattenversion der Singleauskopplung „Sag Alles Ab". Vgl. Tocotronic: Manifest Kapitulation. Auf: Vinyl Single *Sag alles ab*, Buback 2007. Da das Manifest nur in auditiver Form vorliegt, sind die folgenden Textausschnitte eigenständig transkribiert. Das komplett transkribierte Manifest ist im Anhang zu finden.

und die „Vorhölle" – eine Anspielung auf Dantes „Göttliche Komödie"[188] – erscheint hinsichtlich des dem Mythos Rock anhaftenden Klischees eines jungen Mannes, der mittels Gitarre die Welt verändert, maßlos übertrieben und somit als Selbstironie. Dieser Eindruck der selbstironischen Handhabung des Konzepts der Kapitulation erhärtet sich im Laufe des Manifestes. Ein selbstironischer Höhepunkt ist der „Besitz" einer „magischen Formel": „Fuck it all. Kapitulation ist alles und wir alle müssen kapitulieren." Die „magische Formel" ist eher das Gegenteil von magisch. Sie ist schlichtweg trivial, althergebracht und geistlos und alles in allem eine doch recht bescheidene und einfache Antwort auf die gesellschaftlichen Anforderungen in Anbetracht des großspurig nachgezeichneten Erweckungserlebnisses. Das tocotronische Manifest erscheint in Folge dessen und entgegen der ursprünglich anhaftenden, ernsthaften Diktion eines Manifests, in seiner Grundstruktur bewusst unsinnig. Gewisse Parallelen zu surrealistischen und dadaistischen Manifesten sind ob der anzuzweifelnden Ernsthaftigkeit der Aussagen, der Verschleierung der dahinter stehenden Intentionen und der Aussetzung von Sinn bis hin zur selbstironischen Negation evident. Der Dadaismus als subversive, künstlerische beziehungsweise literarische Avantgarde ironisierte und persiflierte seine kunstpoetologischen Manifeste beispielsweise dermaßen, dass diese letztendlich ad absurdum geführt wurden und retrospektiv von „Anti-Manifesten"[189] die Rede war. Die Autorität der bürgerlichen Kunst sollte durch die dadaistischen Manifeste und im Übrigen durch die dadaistische Kunst grundlegend hinterfragt und lächerlich gemacht werden. Das Festmachen einer eindeutigen Intention hinter den Manifesten erschien bis auf die subversive Funktion aufgrund von paradoxen, übertriebenen und selbstironischen Formulierungen nahezu unmöglich.[190] Das Manifest von Tocotronic beinhaltet zwar keine künstlerische Poetologie, sondern im Grunde eine Lebensbewältigungsphilosophie, dennoch verschleiert das vorliegende Manifest mittels der verwendeten Selbstironie gleichermaßen die Intention. Vordergründung soll der Rezipient zwar von den positiven Effekten des subversiven Konzepts der Kapitulation überzeugt werden. Der selbstironische Unterton

---

[188] Vgl. Dante Alighieri: Die Göttliche Komödie. Aus dem Ital. von Hermann Gmelin. Mit Anm. und einem Nachwort von Rudolf Baehr. Stuttgart 2007.

[189] Peter Bürger: Der Französische Surrealismus. Studien zur avantgardistischen Literatur. Um neue Studien erweiterte Ausgabe. Frankfurt am Main 1996, S. 45.

[190] Alfons Backes-Haase: „Wir wollen triezen, stänkern, bluffen..." Dada-Manifestantismus zwischen Zürich und Berlin. In: „Die ganze Welt ist eine Manifestation. Die Europäische Avantgarde und ihre Manifeste. Hg. von Wolfgang Asholt und Walter Fähnders. Darmstadt 1997, S. 256-274, S. 258.

bricht nun allerdings die Bedeutsamkeit und den Ernst der manifesten Aussagen. Das Manifest ist gewissermaßen eine Komödie der tocotronischen Götter. Festzuhalten gilt es daher, dass bereits das Manifest eine gewisse spielerische Eigentümlichkeit im Umgang mit dem Konzept der Kapitulation offenlegt und wie der Dadaismus die sinnstiftende Funktion von Kunst hinterfragt.

3.3.3 Komik ist Tragik in Spiegelschrift – „Mein Ruin"

Der erste Song des Album, „Mein Ruin", schildert im Grunde die Vorbedingung für die spätere Kapitulation, nämlich den persönlichen „Ruin" des lyrischen Ichs. Gleich der positiven Konnotation der Kapitulation, wie sie im Manifest zum Ausdruck gebracht wurde, erfährt auch der „Ruin" – eigentlich ein eher tragischer Umstand – eine semantische Umwertung und wird als „Heiligtum", „Triumph", „Befreiung", „Pracht", „Ziel" oder „größtes Glück" verklärt:

> „MEIN RUIN das ist zunächst / Etwas das gewachsen ist / Wie eine Welle die mich trägt / Und mich dann unter sich begräbt / Mein Ruin ist was mich zieht / Wiederholung als Prinzip / Ein Zusammenbruch / Ein Fall / Ein Versuch / Ein Donnerhall / Mein Ruin ist Heiligtum / Diebstahl und Erinnerung / Geboren aus Unsicherheit / Freude und Zerbrechlichkeit / Mein Ruin ist Unverstand / Kein Märtyrer nur ein Komödiant / Nur aus Kälte und Distanz / Verleih ich mir den Lorbeerkranz / Mein Ruin ist mein Bereich / Denn ich bin nicht einer von euch / Mein Ruin ist was mir bleibt / Wenn alles andere sich zerstäubt / Mein Ruin das ist mein Ziel / Die Lieblingsrolle die ich spiel / Mein Ruin ist mein Triumph / Empfindlichkeit und Unvernunft / Eine Befreiung / Eine Pracht / Sanfter als die tiefste Nacht / Die ab jetzt für immer bleibt / Und ihre eigenen Lieder schreibt / [...] Mein Ruin ist weiterhin / Eine Arbeit ohne Sinn / Etwas das man nie bereut / Eine Abgeschiedenheit / Mein Ruin ist nur verbal / Feigheit vor dem Feind / Der Qual / Der Trauer und der tiefen Not / Mein größtes Glück / Ein tiefes Rot"

Vordergründig offeriert der Songtext die Lesart, dass der eigene Ruin, zu fassen in etwa als körperlicher, psychischer und materieller „Zusammenbruch", den einzig möglichen Ausweg aus einer sich über Produktivität und Erfolg definierenden Gesellschaft darstellt, die hier als Feindbild ausgemacht werden kann, da sie seitens des lyrischen Ichs „Qual[en]", „Trauer" und „Not" hervorruft. Aus der „Not" heraus wird nun eine Tugend gemacht und der „Ruin" des lyrischen Ichs in eine heroische Verweigerungs-haltung verkehrt. Auffällig ist das textuelle Verfahren der synonymen Reihung des Ruins. Eine Grundidee, die des Ruins, wird in insgesamt 14 Strophen, von denen nicht alle zitiert sind, so lange variiert, bis sich ihr Denotat im wahrsten Sinne „zerstäubt".[191]

---

[191] Vgl. Petras: Dialektik der Auflösung, im Erscheinen.

Eine Aufschlüsselung aller Variationen des Ruins ist daher wenig sinnvoll, zumal hier offensichtlich eine Betonung des künstlichen Charakters des Songtextes erfolgt. Die Lesart der Betonung des künstlichen Charakters wird durch einige hervorzuhebende Zeilen bestätigt. So sind die Zeilen „Mein Ruin ist Unverstand / Kein Märtyrer nur Komödiant" eine Anspielung auf Jean-Paul Sartres Studie über den Schriftsteller Jean Genet. Sartres Studie trägt den Titel: „Saint Genet, Komödiant und Märtyrer"[192]. Sartre charakterisiert Genets Fiktion als geschickt arrangierte Illusion, die Verwirrung stiftet. Die Illusion in Genets Werken entstehe durch Gestikulation und Schauspielerei der Protagonisten. Die fiktionale Gesellschaft würde in Genets Werk derart manipuliert, dass ernsthafte, menschliche Tätigkeiten schließlich im Nichts münden.[193] Genets Ziel sei auf Ebene der Realität, der Rezeption, die Verwandlung des Menschen in einen Ästheten. Der Ästhet solle wiederum die Welt aus den Fugen heben, sie zerstören und so Rache an der Ernsthaftigkeit der Realität nehmen.[194] Genet selbst lebe nun diesen Entwurf vor und möchte das Reale negieren, „bis zu seinem eigenen Ruin".[195] Genet werde parallel zu seinen schauspielenden Protagonisten zum Komödianten und zum Märtyrer der Irrealität, da Genets provokante Werke und seine besondere Poetologie der Illusion in Anbetracht der damaligen, zeitgenössischen Kritik mit einem Martyrium gleichzusetzen sei.[196] Das lyrische Ich bedient sich nun im Song „Mein Ruin" dieser Überlegungen Sartres zu Jean Genet und nimmt im Zuge der Verklärung seines persönlichen Ruins ebenfalls eine komödiantische Rolle, seine „Lieblingsrolle" ein. Der gespielte Ruin des lyrischen Ichs ist daher als ein verwirrendes und subversives, komödiantisches und künstliches Konstrukt zu deuten. Die Ästhetisierung des Ruins, formal die Variation des Begriffs, übt nun gleichermaßen Rache an der Ernsthaftigkeit der Realität und soll die bestehende Welt aus den Fugen heben. Allerdings entfällt im Song die selbstaufopfernde Komponente, das Martyrium: „Kein Märtyrer nur Komödiant". In letzter Konsequenz ist das lyrische Ich nicht bereit, für das eigens propagierte Kunstkonzept einzustehen, weil es eben nur die Manifestation eines komödiantischen Akts ist. Eine weitere Zeile aus dem Song lässt sich ebenfalls auf

---

[192] Vgl. Jean-Paul Sartre: Saint Genet, Komödiant und Märtyrer. Gesammelte Werke in Einzelausgaben. Schriften zur Literatur. Bd. 4. Hg. von Traugott König. Hamburg 1982.
[193] Vgl. ebd., S. 577.
[194] Vgl. ebd., S. 582.
[195] Ebd., S. 589.
[196] Vgl. ebd., S. 592.

Sartres Studie beziehen: „Mein Ruin ist nur verbal". Ein Kapitel des Werks lautet: „Mein Sieg ist verbal und ich verdanke ihn der Pracht der Wörter".[197] In diesem Kapitel geht es um den „Sieg der Poesie"[198]. Die Poesie ist Betrug und Spiel, um den Menschen vom irdischen Sein zu lösen. Sie täuscht den Menschen: „Unaufrichtigkeit und Schwindel sind ihre Tugenden."[199] Analog dazu ist der „Triumph" des Ruins im Song ein verbaler Schwindel. Der „Triumph" des Ruins besteht nur auf Worteebene und ist lediglich vorgespielt. Faktisch besitzt der Ruin keine Substanz. Der Ruin kann nur auf Ebene der Fiktion, der Kunst bestehen beziehungsweise funktionieren. Es liegt keine pragmatische Anwendbarkeit des Ruins außerhalb des Kunstwerks vor, und der illusionäre Charakter von Kunst wird somit unterstrichen. Im Song heißt es weiterhin, der „Ruin" sei „Eine Pracht / [...] Die ab jetzt für immer bleibt / Und ihre eigenen Lieder schreibt". Das lyrische Ich ist sich der Aneignung des artifizielles Konstrukts des Ruins durchaus bewusst und macht dies auch transparent. Die Beschönigungen des Ruins und die einhergehende Verweigerungshaltung schlagen durch den Verweis auf Sartre und Genet insgesamt in einen selbstreflexiven, ästhetischen und poetologischen Diskurs um[200] und der Ruin wird auf Inhaltsebene als eine „Arbeit ohne Sinn" entlarvt, was das lyrische Ich offen eingesteht.

3.3.4 Widerstand ist zwecklos – „Kapitulation"

Die „Kapitulation", im Manifest als „die größte aller Niederlagen und gleichzeitig unser größter Triumph" charakterisiert, ist die logische Folge aus dem persönlichen Ruin des lyrischen Ichs aus dem vorab analysierten Song. An die Stelle von aktivem Protest und aktiver Reklamation tritt die passive Kapitulation, die Anerkennung der Überlegenheit einer feindlichen Macht und des eigenen Ruins:

> „Und wenn Du kurz davor bist / Kurz vor dem Fall / Und wenn Du denkst / Fuck it all / Und wenn Du nicht weißt / Wie soll es weitergehen / KAPITULATION / Und wenn Du denkst / Alles ist zum speien / Und so wie Du jetzt bist / Willst Du überhaupt nicht sein / Wenn Du dir sicher bist / Niemand kann Dich je verstehen / KAPITULATION / Und wenn Du traurig bist / Und einsam und allein / Wenn die Welt im Schlaf versunken ist / Du wirst es nie bereuen / Wenn Du denkst: Fuck it all / Wie soll es weitergehen / KAPITULATION"

---

[197] Ebd., S. 844-905.
[198] Ebd., S. 845.
[199] Ebd., S. 880.
[200] In dem offiziellen Musikvideo wird ein Boxkampf gezeigt, der sich zu einem ästhetischen, teilweise grotesken Tanz entwickelt. Vgl. das Video auf der Internetseite von Tocotronic: <http://www.tocotronic.de/videothek/mein-ruin>. Datum des Zugriffs: 03.11.2010.

Die im Manifest als „magische Formel" betitelten Worte „Fuck it all" dienen als ultimative Kritik an der defizitären Gesellschaft und entspringen zwangsläufig der Analyse der eigenen Befindlichkeit. Die flüsternde und überaus sanfte Aussprache beziehungsweise der Gesang der Worte wirkt jedoch befremdlich. Aufgrund des trotzigen Inhalts wäre eine aggressive und kämpferische Aussprache wesentlich angebrachter. Als Patentrezept gegen die defizitäre Gesellschaft wird nun im Songtext die formal hervorgehobene und dadurch in ihrer Dringlichkeit betonte „Kapitulation" offeriert. Die Kapitulation wird ebenfalls sanft und ruhig besungen und auf jede Nennung folgt ein emphatisches und hymnisches „Oh, oh, oh", was ebenfalls befremdlich wirkt und die Frage nach der Ernsthaftigkeit der gesungenen Worte aufwirft. Die zunächst scheinbare Anerkennung einer feindlichen Übermacht, die sich in der Kapitulation manifestiert, ist, wie der Songtext im Weiteren zu erkennen gibt, allerdings ein durchdachtes, subversives Konzept, um gesellschaftliche Mechanismen der Herrschaft und Kontrolle zu destruieren und eben nicht, um sich diesen aus Mangel an Handlungsalternativen unterzuordnen. Die demonstrative Integration in die als defizitär empfundene Gesellschaft ist daher lediglich eine Scheinaffirmation zu den gesellschaftlichen Gegebenheiten:

> „Die Vögel im Baum / Sie kapitulieren / Die Füchse im Bau / Sie kapitulieren / Die Wölfe im Gehege / Sie kapitulieren / Die Stars in der Manege / Sie kapitulieren / [...] Alle die disziplinieren / Sie müssen kapitulieren / Alle die uns kontrollieren / Sie müssen kapitulieren / Alle die uns deprimieren / Sie müssen kapitulieren / Lasst uns an alle appellieren / Wir müssen kapitulieren / KAPITULATION"

Die Zeilen „Alle die disziplinieren" und „Alle die uns kontrollieren" verweisen auf die Disziplinargesellschaft nach Foucault und auf die Kontrollgesellschaft nach Deleuze[201] und stehen sinnbildlich für die feindliche Übermacht, die es mittels der Kapitulation zu unterwandern gilt. Trotz der Hervorhebung der subversiven Macht der Kapitulation verfestigt sich in den zuletzt zitierten Zeilen der Eindruck des bewusst albern gehaltenen Konzepts der Kapitulation, wie es bereits im Manifest der Fall war. Dafür spricht das kindliche und fabelhaft anmutende Sprachregister. Die Kapitulation als Handlung der genannten Tiere ist evident grotesk beziehungsweise unsinnig. Bei Heranziehung des offiziellen Musikvideos zum Song findet sich dieser infantile und

---

[201] Vgl. die Überlegungen zum Song „Sie wollen uns erzählen" im Kapitel über die grundlegende Textcharakteristik.

absurde Eindruck bestätigt.[202] Gezeigt wird eine dilettantisch daherkommende Kinderaufführung, parallel zur musikalischen Darbietung Tocotronics. Das spärliche Publikum wirkt desinteressiert und lethargisch aber auch frustriert und konsterniert über die ihnen vorgeführte Albernheit. Das eigene subversive Konzept der Kapitulation wird wiederum subversiv unterlaufen, denn die finale Aufforderung „Lasst uns an alle appellieren / Wie müssen kapitulieren" und die implizite Ausdehnung des Sprechakts auf den Adressatenkreis ist zwangsläufig zum Scheitern verurteilt. Tocotronic verkehren diesbezüglich Überlegungen von Jean François Lyotard. Lyotard stellte in „Das postmoderne Wissen", unter der Annahme, dass sich die Gesellschaft aus einer Menge von Sprachhandlungen konstituiert, die These auf, dass Widerstand in Anbetracht des Scheiterns der großen Erzählungen und der Fundamentalkritik nur noch möglich sei, indem man sich aus dem pragmatischen Diskurs ausklinke und dysfunktional spreche und schreibe, einen „Spielzug"[203], eine neue Aussage setze, die vollkommen unerwartet sei. Lyotard spielt dabei ohne explizite Nennung beispielsweise auf den Dadaismus oder den Situationismus an. In Bezug auf den Song „Kapitulation" besteht das Ausklinken aus dem paradigmatischen Diskurs darin, dass ein herkömmlicher aktiver Protest oder gar eine gesellschaftliche Revolution abgelehnt und stattdessen die passive Kapitulation als Form des Widerstands zur Unterwanderung der gesellschaftlichen Mechanismen bevorzugt wird. Darin besteht der eigentliche Widerstand, im Widerstand gegen den aktiven Widerstand. Die für sich genommen sinnfreie Forderung der Kapitulation entspricht dabei dem dysfunktionalen Sprechen.[204] Die selbstironische Brechung und damit die Offenlegung des dysfunktionalen Sprechens beziehungsweise des Sprechaktes bewirken nun aber die Unterwanderung der eigenen, subversiven Strategie der Kapitulation. Der Song „Kapitulation" führt den Protestsong als solchen letzten Endes ad absurdum[205], indem der fehlgeschlagene Sprechakt zum letztmöglichen Redemodus deklariert wird. Wenn überhaupt kapituliert

---

[202] Vgl. das offizielle Video zu „Kapitulation" auf der Internetseite von Tocotronic: <http://www.tocotronic.de/videothek/kapitulation/>. Datum des Zugriffs: 07.11.2010.

[203] Lyotard: Das postmoderne Wissen, S. 39.

[204] Vergleichbar in etwa mit dem Diktum des *totalen Krieges* oder dem Schlagwort der *coalition of the willing*. Vgl. Petras: Dialektik der Auflösung, im Erscheinen.

[205] Diesbezüglich lässt sich der Song auch als parodistisches Gegenstück zu dem Protestsong „Aufstehn" der niederländischen Band Bots deuten. Der Song ruft zur aktiven Auflehnung gegen Missstände, wie Krieg und Atomkraft auf. Dabei werden wiederholend die Worte „Alle die […] sollen aufstehn" als direkter Appell verwendet. In „Kapitulation" wird der aktive Protest nun in die passive Kapitulation verkehrt. Vgl. Bots: Aufstehn. Auf: LP *Aufstehn*, Electrola 1980.

wird, so ließe sich zusammenfassen, dann vor der Evidenz der eingenommenen, widerständigen Posen und vor dem Versuch, zeitgenössischen Protest im System der Kunst sinnstiftend zu formulieren.[206]

3.3.5 Bartlebys Vermächtnis – „Sag alles ab"

Der Song „Sag alles ab" ist das musikalisch schnellste und am aggressivsten wirkende Stück des Albums und offeriert mit dem Titel einen prägnanten und im Songtext wiederkehrenden Slogan, welcher mittels Imperativ darauf abzielt, den Rezipienten zu ermutigen, sich von gesellschaftlichen Zwängen zu befreien, indem sich der Rezipient jeglichen gesellschaftlichen Verpflichtungen schlicht verweigert:

> „Sag alles ab / Geh einfach weg / Halt die Maschine an / Frag nicht nach dem Zweck / Spreng deine Ketten in die Luft / Und lass das Scheusal doch zuhause / Die Prüfung findet heute nicht statt / Die Karriere macht mal Pause / [...] Reiß deine Fesseln doch entzwei / Und lass das Dreckschwein mal zuhause / Die Zeit der Schmerzen ist vorbei / Die Karriere macht mal Pause"

Symbolisiert wird das gesellschaftliche System, wie hier deutlich wird, durch die anzu-haltende „Maschine". Die „Ketten"[207] und „Fesseln" symbolisieren die gesellschaft-lichen Zwänge, zu denen auch die „Prüfung" und die „Karriere" zählen, die es durch schlichte Entsagung zu verweigern gilt, da sie „Schmerzen verursachen". Denn durch die Unterordnung und Anpassung an die gesellschaftlichen Anforderungen wird das Individuum zwangsweise zum „Scheusal" und zum „Dreckschwein". Das Individuum entfremdet sich und benötigt moralisch verwerfliche Charaktereigenschaften, um in der Gesellschaftsich bestehen zu können.[208] Die Absage an „alles" impliziert im Umkehrschluss somit auch eine charakterliche beziehungsweise eine moralische und ethische Verbesserung. Die hier formulierte Befehlsform und der förmlich eingeforderte, blinde Gehorsam – „Frag nicht nach dem Zweck" – impliziert im Grunde genommen allerdings gleichermaßen einen auferlegten Zwang und konterkariert somit die eigentlich propagierte Befreiung von den Zwängen. Später heißt es im Song:

> „DU MUSST NIE WIEDER / IN DIE SCHULE GEHEN / DU WIRST DAS LICHT / DEINES LEBENS VOR DIR SEHEN / DU MUSST DICH DOCH NICHT

---

[206] Vgl. Petras: Dialektik der Auflösung, im Erscheinen.

[207] Schon bei Jean-Jacques Rousseau heißt es: „Der Mensch ist frei geboren, und überall ist er Ketten." Vgl. Jean-Jaques Rousseau: Vom Gesellschaftsvertrag. In: Bibliothek der Philosophie Bd. 15. Aus dem Franz. von Johann Heinrich Gottlieb Heusinger. Hg. von Alexander Heine. Essen 1997, S. 36.

[208] Im Sinne Rousseaus wäre hier weiter zu argumentieren, dass der Mensch von Natur aus gut ist und die Gesellschaft ihn verdirbt.

/ BEMÜHEN BEMÜHEN / DIE BÄUME WERDEN DOCH / AUCH VON SELBER GRÜN"

In diesen durch Versalien hervorgehobenen Zeilen ist die Totalverweigerung beziehungsweise die Folge daraus besonders verklärend formuliert. Die Absage an alles erfülle somit auch den pubertären Wunsch, „nie wieder in die Schule gehen" zu müssen. Der potenzielle jugendliche Rezipient bekommt förmlich geliefert, was er hören möchte. Der Song erhält dadurch eine selbstironische Komponente, da sich der Song betreffs dieser Rezipientengruppe nahezu anbiedert. Des Weiteren eröffnet der totale Verzicht ungeahnte Möglichkeiten der Selbstentfaltung, fernab von gesellschaftlichen Zwängen, und dem Rezipienten wird eine erfüllte und rosige Zukunft in Aussicht gestellt. Diese manifestiert sich im „Licht" des „Lebens". Der Rezipient muss sich nicht mehr „BEMÜHEN", der „Karriere" nachzugehen. Die Natur geht seinen Gang und die „Bäume" erblühen von selbst.

Es lassen sich durchaus Parallelen des Slogans „Sag alles ab" zu dem der literarischen Figur des Bartleby aus dem Roman „Bartleby, der Schreiber"[209] von Herman Melville erkennen.[210] Bartlebys markanter und ständig wiederholter Ausspruch sind die höflichen Worte: „I would prefer not to". Bartleby entzieht sich mit diesen Worten jeglichen gesellschaftlichen Anforderungen und verweigert zugleich jede Form der Kommunikation. Im Laufe der Geschichte des Romans wird Bartlebys Leitsatz jedoch zur totalen Maxime, die schließlich dazu führt, dass Bartleby inhaftiert wird. Gilles Deleuze sieht in diesem Ausspruch Bartlebys eine raffinierte Formel, „die jedem den Kopf verdreht".[211] Dabei ist die Formel „weder eine Affirmation noch eine Negation"[212], denn Bartleby verweigere sich nicht im eigentlichen Sinne, er weise lediglich etwas nicht Gemochtes auf eine höfliche Art zurück. Ferner gebe Bartleby nicht zu erkennen, was vorzuziehen wäre und es entstehe eine Zone von Unbestimmtheiten.[213] Dadurch das Bartleby keine Gründe für seine Formel offenbare,

---

[209] Vgl. Herman Melville: Bartleby, der Schreiber. Eine Geschichte aus der Wallstreet. Aus dem Amerik. von Jürgen Krug. Frankfurt am Main 2004.

[210] Die Annahme des textlichen Bezugs wird in einem Interview des *Rolling Stone* mit Tocotronic bestätigt: „Hinter dem Stück steht der in Herman Melvilles „Bartleby, der Schreiber" formulierte Impuls, sich zu entziehen und einfach etwas nicht mehr zu machen. Vgl. Jürgen Ziemer: „So jung kommen wir nicht mehr zusammen. In: Rolling Stone (2007), Heft 7, S. 53-S. 66, S. 65.

[211] Gilles Deleuze: Bartleby oder die Formel. Aus dem Franz. von Bernhard Dieckmann. Berlin 1994. S. 8.

[212] Ebd., S. 13.

[213] Vgl. ebd., S. 14.

er keine Alternativen bevorzuge und sich die Formel darüber hinaus in den Sprachgebrauch seiner ihn umgebenden Personen einschleiche, entfalte sich die subversive Kraft der Worte Bartlebys. Die Formel „wirkt verheerend, verwüstend, und läßt nichts übrig".[214] Die Personen im Roman, welche mit der Formel konfrontiert werden, blieben verwirrt zurück und würden teilweise zu merkwürdigen Verhaltensweisen hingerissen.[215] Der Slogan „Sag alles ab" fungiert ebenso als subversive Formel, welche die bestehende Gesellschaft und deren Funktionalität destruieren soll. Die dem Rezipienten nahezu befohlene Totalverweigerung, die simple Idee einfach alles abzusagen, als eine Form der Lebensgestaltung, erscheint jedoch in der Gesamtheit schlichtweg gewollt unsinnig, denn eine tatsächliche und konsequente Befolgung der Totalverweigerung würde vermutlich in Verwahrlosung und Tod enden.[216] Die vom Song propagierte Totalverweigerung, der Wille zum Nichts, ist daher eher als provokantes und artifizielles Konstrukt zu deuten und eben nicht als ernstgemeinte Anleitung zur Lebensbewältigung, die dazu im Stande ist, die „Ketten" der Gesellschaft zu sprengen.

3.3.6 Wie war das da bei Dada – „Luft"

Der Song „LUFT" ist einem ersten Verständnis nach ein Lobeslied auf die Nutzlosigkeit und reiht sich nahtlos in den thematisch-inhaltlichen Zusammenhang des Ruins, der Kapitulation und der Totalverweigerung des zuvor besprochenen Songs ein und scheint desgleichen als Protestsong daher zukommen:

> „Die Luft ist so nutzlos / um mich herum / [...] Ja, ich habe heute / Nichts gemacht / Ja, meine Arbeit / Ist vollbracht / ICH ATME NUR / ICH ATME NUR / Und jetzt weiter im Text / [...] Das Nutzlose wird siegen / Das Nutzlose bleibt liegen / Also züchte ich mir Staub / Entschuldigung / Das hab ich mir erlaubt / Und jetzt weiter im Text:"

Der zu Beginn des Songs auftretende Widerspruch, dass die „Luft" „nutzlos" ist, trotz der Notwendigkeit für das Atmen, kann dahingehend aufgelöst werden, als dass das „Nutzlose" für das Atmen genutzt wird und das schlichte Atmen des lyrischen Ichs fernab von Arbeit und Produktivität wiederum nutzlos ist, etwa hinsichtlich gesellschaftlicher Ansprüche. Die „Luft" steht somit sinnbildlich für etwas Nutzloses,

---

[214] Ebd., S. 12.
[215] Vgl. ebd.
[216] Melvilles Bartleby landet schließlich im Gefängnis und stirbt einen Hungertod, da er sich auch der Nahrung verweigert.

auf das im Song das Hauptaugenmerk gelegt ist. Die Nutzlosigkeit dient als konstituierendes Element eines erfüllten Lebens, ein Leben im Müßiggang, in dem das Nichtstun als verrichtete Arbeit zählt und die Nutzlosigkeit letztendlich siegt. Das vorangestellte „Ja" erweckt einerseits den Eindruck, dass sich das lyrische Ich für seine Ansichten rechtfertigen muss. Andererseits beinhaltet dieser Ausspruch auch ein trotziges Bekenntnis zur Faulheit, zur Nutzlosigkeit. Die metatextuell zu lesende Zeile „Und jetzt weiter im Text" stellt das ohnehin durch Versalien hervorgehobene, zuvor mitgeteilte Atmen heraus und gibt zu erkennen, dass dieses nicht dem Songtext als solchem zuzurechnen ist. Die für den Songtext zentrale Zeile „Ich atme nur" ist daher als außertextliche Aussage zu deuten, die suggerieren soll, dass das lyrische Ich die deklarierte Nutzlosigkeit in Form des schlichten Atmens einer zum Sprechakt vorlebt. Diese Argumentation wird durch die Tatsache gestützt, dass das der Produktivität und Arbeit vorgezogene, schlichte Atmen zugleich eine Anspielung auf eine Aussage des Künstlers und Wegbereiters des Dadaismus Marcel Duchamp ist, die jedoch selbst als künstlerische und inszenierte Aussage zu verstehen ist:

> „Ich hätte wohl gern arbeiten mögen, aber es gab da in mir einen enormen Fundus an Faulheit. Lieber lebe ich, atme ich, als dass ich arbeite. Ich glaube nicht, dass die Arbeit, die ich getan habe, vom sozialen Standpunkt aus irgendeine Wichtigkeit haben kann für die Zukunft. Also, wenn Sie wollen, wäre meine Kunst zu leben; jede Sekunde, jeder Atemzug ist ein Werk […]."[217]

Die Zeile „Ich atme nur" ist in Anlehnung an Duchamp folglich als ein nutzloses Konstrukt in der Kunst zu deuten, da die Arbeit der Kunst „vom sozialen Standpunkt aus" keine „Wichtigkeit" besitzt. Das schlichte Atmen wird zum Kunstwerk erhoben und durch das lyrische Ich im Songtext selbstreferenziell vorgeführt. Die Verknüpfung von Kunst und Leben entspricht dabei der dadaistischen Forderung, die in der Aussage Duchamps herauszulesen ist. Daran anschließend offenbart die metatextuelle Zeile „Und jetzt weiter im Text" somit auch, dass sich das lyrische Ich der fiktionalen Sprecherrolle bewusst ist und, dass das Konstrukt der Nutzlosigkeit ein fiktionales Konstrukt darstellt, und an sich wiederum „nutzlos" ist, wenn es außerhalb des Systems der Kunst sinnstiftend herangezogen wird. Dass der Song auf selbstreferenzielle Weise die Kunst als solche zum Thema macht, verdeutlicht zudem die Zeile „Also züchte ich mir Staub". Das Konzept der Staubzucht ist eine weitere Bezugnahme auf Duchamp.

---

[217] Zitiert nach Pierre Cabanne: Gespräche mit Marcel Duchamp. Köln 1972, S. 72.

Duchamp erklärte ein Glas voller Staub beziehungsweise die Staubzucht – im Original „Elevage de poussière" (1920)[218] – sowie weitere triviale Gegenstände bewusst provokant zur Kunst, um das traditionelle Kunstverständnis grundsätzlich in Frage zu stellen.[219] Die Zeilen: „Entschuldigung / Das hab ich mir erlaubt" sind wiederum direkte Zitate aus dem Song „Alles nur geklaut" [220] von den Prinzen. In dem Song der Prinzen geht es um den Erfolg bringenden Diebstahl im Bereich der Autorschaft. Das Einbringen dieses sich im Grunde selbst spiegelnden Zitats in dem Song „Luft" ist ein selbstreflexiv zu deutender Verweis des lyrischen Ichs auf die intertextuelle Strategie der Textproduktion.[221] Wie schon die Zeile „Ich atme nur" ist die Entschuldigung des lyrischen Ichs für den Diebstahl des Kunstkonzeptes Duchamps aufgrund der nachstehenden und sich wiederholenden, metatextuellen Zeile vom eigentlichen Songtext zu trennen. Das lyrische Ich rechtfertigt damit die bestehende Text-bildungsstrategie, es hat es sich „erlaubt" die Zeilen zu stehlen, was wiederum den künstlichen Charakter des gesamten Songs betont und den Fokus auf die Kunst an sich lenkt. Tocotronic, so kann argumentativ hinzugefügt werden, unterwandern mit dem Zitat der Textzeilen aus dem Song der Prinzen zudem ihre eigene Kunst und destruieren ihren inzwischen eigens kultivierten Nimbus der Intellektualität, indem Tocotronic Gebrauch vom „schlechten Geschmack" machen und sich bewusst popkultureller darstellen, als sie es eigentlich sind. Zugleich entspricht das Zitieren der Prinzen Duchamps Ansicht, dass jedes erdenkbare Material künstlerisch produktiv zu machen sei.[222]

Zusammengefasst entpuppt sich das Lobeslied auf die Nutzlosigkeit bei genauerer Analyse als ein Exkurs auf den Dadaismus und das subversive Kunstkonzepts Marcel Duchamps.[223] Auf rein literaler Ebene, so wäre zu konstatieren, produziert der Songtext sprichwörtlich lediglich heiße „Luft", denn Kunst muss eben nicht funktional sein.

---

[218] Vgl. Arturo Schwarz: The complete works of Marcel Duchamp. London 1997, S. 315.
[219] Der eigentliche Kunstkniff bestand darin die zweckentfremdeten, trivialen Gegenstände, die sogenannten *Readymades* mit einer Autorschaft zu versehen.
[220] Die Prinzen: Alles nur geklaut. Auf: CD *Alles nur geklaut*, BMG 1993.
[221] Die zitierten Zeilen sind in etwas vergleichbar mit der Zeile „Talent borrows, genius steals" aus dem Song „Gegen den Strich".
[222] Vgl. Uwe M. Schneede: Die Geschichte der Kunst im 20. Jahrhundert. München 2001, S. 83.
[223] Im Kontext der Popmusik fragte schon die Musikgruppe Freundeskreis in ihrem Song „Anna" nach der Rekontextualisierung von dadaistischen Elementen: „Wie war das da bei Dada?" Vgl. Freundeskreis: Anna. Auf: CD *Quadratur des Kreises*, Four Music 1997. Tocotronic bestätigen die Lesart in dem bereits aufgegriffenen Interview des *Rolling Stone*: Vgl. Ziemer: „So jung kommen wir nicht mehr zusammen, S. 65.

3.3.7 Selbstschöpfung und Selbstvernichtung – „Explosion"

Der letzte Song des Albums, „Explosion", ließe sich nach oberflächlicher Betrachtung und im Einklang mit dem Konzept der Kapitulation als das Resultat eben dieser deuten, die zur Zerstörung der Gesellschaft und ihrer defizitären Funktionsmechanismen geführt hat:

> „Kannst du vor Deinen Augen / Die Explosionen sehen? / Ein Feuerwerk in der Nacht / Kannst du in den Pfützen / Die Wolkenfetzen sehen? / Spiegel in der Innenstadt / Kannst du in den Bäumen / Die Tonbandfetzen sehen? / Wer hat sie dorthin gebracht? / ALLES GEHÖRT DIR / EINE WELT AUS PAPIER / ALLES EXPLODIERT / KEIN WILLE / TRIUMPHIERT"

Der Songtext richtet sich durch rhetorische Fragen direkt an den Rezipienten. Zu Beginn wird der Rezipient befragt, ob gewisse „Explosionen" sichtbar sind. Die „Explosionen" sind mit einem „Feuerwerk" in Analogie gesetzt und erhalten dadurch eine positive Konnotation. Die Verwendung der Worte „vor Deinen Augen" und „in der Nacht" lassen indessen den Schluss zu, dass die „Explosionen" nur ein Produkt der Imagination sind und keine reale Explosion vorliegt. Im Manifest heißt es diesbezüglich: „Wir werden die Augen schließen und ein Feuerwerk in der Nacht sehen. Alles in uns, um uns und um uns herum wird explodieren." Die Zeilen „Kannst Du in den Bäumen / Die Tonbandfetzen sehen? / Wer hat sie dort hingebracht?" sind eindeutig selbstreferenzieller Natur. Die Beantwortung der im Grunde rhetorischen Frage nach den Urhebern der „Tonbandfetzen" ist evident: Tocotronic. Die imaginierten „Explosionen" sprengen auch das Tonband von Tocotronic in Fetzen und damit gewissermaßen auch den textlichen Inhalt. Der selbstreflexive Aspekt des Songtextes eröffnet eine weitere Ebene der Interpretationsmöglichkeit. Einerseits ist die bei dem Rezipienten hervorgerufene Vorstellung der Explosionen auf das Konzept der Kapitulation zurückzuführen. Andererseits wird das, wie sich herausstellte, artifizielle Konstrukt der Kapitulation auf selbstreferenzieller Ebene gesprengt. Das verdeutlichen insbesondere die abschließenden Zeilen: „ALLES GEHÖRT DIR / EINE WELT AUS PAPIER / ALLES EXPLODIERT / KEIN WILLE / TRIUMPHIERT." Die erneut durch Versalien hervorgehobenen Zeilen betonen zunächst die Autonomie des Individuums. Jeder Mensch kann sich die Welt in seinem Geiste und zu seinen Zwecken unterwerfen. Er kann vor dem bisherigen Dasein kapitulieren, die bisherige Welt somit zum Explodieren bringen, um sich dann eine eigene Welt zu schaffen. Das Papier fungiert als Metapher für den möglichen, kreativen Eigenentwurf von Welt und Dasein.

Es dient als Grundlage oder Material für schöpferische Aktivitäten, sei es schriftlicher Natur oder in Form eines erbauten Konstrukts. Infolge dessen wird kein fremd-bestimmender „Wille" mehr triumphieren.[224] Bei selbstreflexiver Lesart explodiert rückblickend gewissermaßen das konstruierte Konzept der Kapitulation, sodass der tocotronische Wille nicht triumphieren soll und kann. Die Explosion wird gegen Ende des Songs zur Wiederholung der Worte „Keine Wille triumphiert" musikalisch vorgeführt und steigert sich in ein regelrechtes Soundgewitter, das selbst zu explodieren droht.

Der Song „Explosion" ist somit faktisch ein finaler, selbstreflexiver und metatextueller Kommentar zur Kunst. Tocotronic kapitulieren gewissermaßen vor ihrem eigens entworfenen Konzept der Kapitulation und nehmen Abstand zu realitätsverhafteten Verbindlichkeiten außerhalb des musikalischen Kunstwerks und des Systems der Kunst. Die suggerierte Relevanz des Konzeptes der Kapitulation erfährt final eine Negation, indem das Diktum der romantischen Ironie, die „Selbstschöpfung und Selbst-vernichtung"[225], überdeutlich transparent gemacht wird.

3.4. Analyse: *Schall und Wahn* (2010)

3.4.1 Vorbemerkungen

Wie in der Einleitung angemerkt ist *Schall und Wahn* das bisher kommerziell erfolgreichste Album von Tocotronic und war eine Woche auf Platz Eins der deutschen Albumcharts zu finden.[226] Wie schon die beiden Vorgängeralben wurde das Erscheinen dieses Albums von einem breiten Medienecho begleitet.[227] Während die Rezensionen zum Vorgängeralbum Kapitulation wie angesprochen überwiegend positiv waren, schwanken die Rezensionen zum neuesten Album zwischen Lob und Kritik.[228] Gerade auch aufgrund der gegensätzlichen Stimmen haben Tocotronic ihren Bekanntheitsgrad inzwischen längst über eine Szenepublikum hinaus gesteigert und sind gegenwärtig Tagesgespräch, was sich wiederum, wie bereits thematisiert, auf die gesellschaftliche

---

[224] Die Zeile „Kein Wille triumphiert" ist zu dem eine Anspielung auf Leni Riefenstahls Film *Triumph des Willens*. Vgl. Leni Riefenstahl: Film *Triumph des Wissens*, Deutschland 1935.

[225] Friedrich Schlegel: 51. Athenäum-Fragment, S. 172.

[226] Vgl. Anmerkung Nummer 23 in dieser Arbeit.

[227] Vgl. Petras: Dialektik der Auflösung, im Erscheinen.

[228] Das Bayrische Online-Musikmagazin *ON3* fast die Stimmen zum Album in einer Pro und Contra Abwägung prinzipiell zusammen. Vgl. die Angaben auf der Internetseite von *ON3*: <http://on3.de/element/4493#/element/4493>. Datum des Zugriffs: 15.11.2010.

Relevanz der Erforschung der Songtexte auswirkt. Auch *Schall und Wahn* lässt sich in seiner Gesamtheit zunächst als eine Kultur- und Gesellschaftskritik lesen, die eine gewisse Relevanz zu suggerieren scheint. In Anbetracht des politischen Zeitgeschehens, beispielsweise der Krieg gegen den Terror und die Stationierung westlicher Truppen im Irak und in Afghanistan oder die Diskussionen um das Gefangenenlager Guantanamo und die Anwendung von Folter als Mittel zum Informationsgewinn, haben die Songtitel „Eure Liebe tötet mich", „Ein leiser Hauch von Terror", „Die Folter endet nie" „Das Blut an meinen Händen" oder „Gesang des Tyrannen" eine befremdliche Wirkung.[229] Neben diesem allgemeinen gewaltmetaphorischen Vokabular wird von einer speziell martialischen Kriegsmetaphorik Gebrauch gemacht. So ist auch die Rede von „wehen[den] Flaggen"[230], einer „Division" und einem „Schlachtruf"[231], von „Zone-Wars"[232] oder von „Lanze[n]" und „Flanke[n]"[233]. Das verwendete Gewalt- und Kriegsvokabular lässt auch in diesem Album auf eine konzeptuelle Geschlossenheit schließen und ein Großteil der Songs scheint eine kultur- und gesellschaftskritische Position einzunehmen und in Folge dessen eine düsteres Bild der Gegenwart zu zeichnen. Der Albumtitel „Schall und Wahn" ruft diesbezüglich die Assoziation des Wahnsinns in der Gesellschaft hervor und verknüpft diesen mit Schall, was im Kontext von Popmusik zunächst im Sinne von Nutzschall, sprich Musik zu verstehen sein könnte.[234] Das Cover des Albums konterkariert nun diese düstere und pessimistische Haltung. Zu sehen ist ein helles Blumenbouquet[235], welches eher positive Assoziationen erweckt, als dass es sich mit dem martialischen Vokabular verbinden lässt. Das als tocotronisches Geschenk daherkommende Bouquet bricht die suggerierte Ernst-

---

[229] Vgl. Petras: Dialektik der Auflösung, im Erscheinen.
[230] Tocotronic: Eure Liebe tötet mich. Auf: CD *Schall und Wahn*, Vertigo 2010.
[231] Tocotronic: Schall und Wahn. Auf: ebd.
[232] Tocotronic: Stürmt das Schloss. Auf: ebd.
[233] Tocotronic: Die Folter endet nie. Auf: ebd.
[234] Eine tiefergehende Analyse erfolgt in den Betrachtungen zum Titelsong „Schall und Wahn".
[235] Das Blumenbouquet ist eine Abbildung eines Kunstwerks der niederländischen Künstler Jeroen de Riijke und Willem Derooij mit dem Titel *Bouquet IV* von 2005. Das originäre Kunstwerk besteht aus zwei Teilen, zum einen aus dem Bouquet selbst, zum anderen aus einer Schwarz-Weiß-Fotographie dieses Bouquets. Die beiden Teile sind Bestandteil eines umfangreicher ausgestalteten Konzeptkunstwerks, welches wiederum einen sozio-politisch Hintergrund hat, den der niederländischen Asylpolitik. Das besondere der Fotographie des Bouquets besteht in den unhierarchisch organisierten Grauabstufungen, was die Künstler als politisches Statement verstanden wissen wollen. Vgl. die Beschreibung des Kunstwerks auf der Internetseite der Friedrich Petzel Galerie: <http://www.petzel.com/exhibitions/2006-01-19_de-rijke-de-rooij/#>. Datum des Zugriffs: 17.11.2010. Tocotronic bedienen sich bei der Verwendung des Covers abermals der Strategie der Rekontextualisierung gegenkultureller Haltungen. Trotz dieses Kontextes ist das Cover als solches nicht in einen sozio-politischen Zusammenhang einzuordnen.

haftigkeit und Drastik der Songs. Anlässlich eines Interviews der Online-Ausgabe der Zeitung *Die Welt* mit Tocotronic ist diesbezüglich und in Anlehnung an Baudelaire von den „Blumen des Blödelns"[236] die Rede. Die unterstellte Komik komme insbesondere in den beiden Songs „Macht es nicht selbst" und „Bitte oszillieren Sie" zum Tragen[237], die insgesamt aus dem Album hervorstechen. Dirk von Lowtzow bemerkte im genannten Interview Folgendes: „Wir machen ja kein Kabarett. Aber im allzu Ernsten steckt immer eine große Komik. Und umgekehrt."[238] Das sich hinter der Tragik als auch der Komik vor allem Reflexionen zur Kunst verbergen, zeigt die folgende Analyse.

3.4.2 Zum popmusikalischen Widerstand – „Die Folter endet nie"

Der Titel des Songs, „ Die Folter endet nie", vermittelt durch das gewaltmetaphorische Bild der nie endenden „Folter" zunächst eine äußerst pessimistische und schwermütige Einschätzung der Gegenwart. Der Songtext verkehrt nun dieses drastische Bild und die negativen Begleitumstände einer Folter ins Positive:

> „Die Folter endet nie / Wir werden / Dennoch siegen / Wir haben kein / Gefühl mehr / Wenn wir auf der / Streckbank liegen / Eine Lanze / Für den Widerstand / Ein Tanz für die / Ästhetik / Eine Flanke gegen die / Gegebenheiten und / Von heute an / Leben wir ewig"

Konvenabel zur heiter und fast euphorisch wirkenden stimmlichen und instrumentalen Inszenierung, gepaart mit einem kämpferischen Gestus, ist hier von einem Sieg und dem ewigen Leben als Folge eines zu bejahenden Martyriums die Rede. Das Martyrium besteht im widerständischen „Tanz für die Ästhetik", zu dessen Bekenntnis die gewaltsame „Folter", das Dasein „auf der Streckbank" und der „Schmerz" erduldet wird. Die selbstreferenziell zu lesenden Zeilen „Eine Lanze für den Widerstand / Ein Tanz für die Ästhetik" betonen ausdrücklich die Künstlichkeit des gesamten Songs beziehungsweise des Songtextes, der, da er im Kontext der Popkultur zu verorten ist, folglich einen ästhetischen Widerstand der Popkultur beziehungsweise der Popmusik gegen nicht weiter ausgeführte, gesellschaftliche „Gegebenheiten" aufgreift. Außerdem

---

[236] Vgl. das Interview auf der Internetseite von *Die Welt*: <http://www.welt.de/die-welt/kultur/article5926377/Die-Blumen-des-Bloedelns.html>. Datum des Zugriffs: 27.11.2010.

[237] In „Macht es nicht selbst" heißt es beispielsweise: „Wer zu viel selber macht / Wird schließlich dumm / (Ausgenommen / Selbstbefriedigung)", in „Bitte oszillieren Sie" unter anderem: „Bitte oszillieren Sie / Zwischen den Polen / Bumms! Und Bi!/ […] Bitte oszillieren Sie / Ping-Pong / Ohne Hierarchie".

[238] Vgl. Anmerkung 237 in dieser Arbeit.

spielen die Zeilen auf die Romantrilogie „Die Ästhetik des Widerstands"[239] von Peter Weiss an.[240] Das Werk von Weiss handelt, wie im selbstbezüglichen Titel angedeutet, von der Frage nach der Ästhetik des Widerstands. Die Handlung des Romans spielt in der Zeit vor und während des zweiten Weltkrieges. Geschildert wird vorwiegend der linkspolitische Widerstand beziehungsweise der Kampf der Untergrund- und Arbeiterbewegungen gegen den Faschismus in Spanien und den Nationalsozialismus in Deutschland. Der Protagonist im Roman möchte mittels der Ästhetik gegen die historische Unterdrückung und Ungerechtigkeit – wie sie im Sinne der kritischen Theorie durch die Aufklärung entstand – ankämpfen. Dabei kann der politische Kampf nur durch Kunst und eine kulturelle Revolution zur Erfüllung gebracht werden. Der Roman ist somit auch als ein Versuch des Autors zu deuten, die Ästhetik des Widerstands auszuloten und eine eigene kritische Position als politischer Künstler zu beziehen.[241] Im weiteren Songtext sind die anti-aufklärerischen Tendenzen von Weiss' Werk wieder zu finden, wenn es heißt: „Eine Lanze / Bricht die große Angst / Wir sind innerlich / Beschädigt / Eine Flanke gegen den / Gesunden Menschenverstand / Von heute an / Leben wir ewig". Es gilt also gegen den „Gesunden Menschenverstand" anzugehen, wodurch die nie endende Folter als Moment der Aufklärung lesbar wird: „Die Macht der Vernunft ist eine blutige Macht."[242] In erster Linie geht es im Songtext jedoch nicht etwa um die Kritik an der Aufklärung, sondern um die generelle Frage nach den Möglichkeiten des Widerstands im Medium der Popmusik. Die überaus vagen politischen Implikationen, welche die Textoberfläche suggeriert, werden durch den Verweis auf Peter Weiss' „Ästhetik des Widerstands" in einen philosophisch-künstlerischen Kontext verfrachtet. Der Song knüpft somit an den Diskurs von Weiss

---

[239] Peter Weiss: Die Ästhetik des Widerstands. Hg. von Alexander Stephan. 1. Aufl., Frankfurt am Main 1983.

[240] Dirk von Lowtzow verweist in mehreren Interviews explizit auf diese Anspielung: „Es macht Spaß […] in „Die Folter endet nie" das wohl widerständigste Werk der deutschen Literatur zu zitieren, „Die Ästhetik des Widerstands" von Peter Weiß." Vgl. erneut das Interview auf der Internetseite des Spiegel: <http://www.spiegel.de/kultur/musik/0,1518,673245,00.html>. Datum des Zugriffs: 21.08.2010.

[241] Vgl. Karen Hvidtfeldt Madsen: Widerstand als Ästhetik. Peter Weiss und Die Ästhetik des Widerstands. Aus dem Dän. von Ursula Kleinen und Monika Wesemann. 1. Aufl., Wiesbaden 2003, S. 1. ff.

[242] Michel Foucault: Folter ist Vernunft. Gespräch mit K. Boesers. In: Ders.: Dits et Ecrits / Schriften 3 1976-1979. Hg. von Daniel Defert und François Ewald. Aus dem Franz. von Michael Bischoff u.a., Frankfurt am Main 2003, S. 505-514, S. 510.

an, wie die Ästhetik der Kunst zu gestalten sei, um politischen Widerstand leisten zu können:

> „Ich fand in ‚Folter' eben auch interessant, den Widerstand einzubauen, mit diesem Verweis auf Peter Weiss als vermeintlichem Anachronismus, mit der Frage: Wie kann Kunst oder eben Rockmusik widerständig sein oder Widerstand ausdrücken? [...] Dieses Widerständige habe ich dann mit der Idee des Martyriums verbunden."[243]

Die Frage nach der konkreten Ästhetik des Widerstands bleibt sowohl im zitierten Interview als auch im Songtext unbeantwortet. Obwohl sich der Text mittels der Rekontextualisierung der Protestkultur einer Sprache des Widerstands bedient und eine dissidente Position einzunehmen scheint, wird genau diese grundsätzlich hinterfragt, denn es geht im Songtext, wie von Lowtzow zu erkennen gibt, vor allem um das Aufwerfen der Frage als solche.

3.4.3 Vom Tod der Originalität – „Das Blut an meinen Händen"

Der Songtitel „Das Blut an meinen Händen" klingt zunächst nach einem Schuldeingeständnis einer schwerwiegenden Gewalttat. Die musikalische Darbietung – ein Streicher- und Bläser-Arrangement, in der vor allem eine Geige hörbar hervorsticht – unterstützt die Drastik und Theatralik des Songtextes, im Unterschied zum vorangegangenen Song, wo die musikalische Inszenierung den Text im Grunde kontrastiert. Doch auch hier dient die Gewaltmetaphorik wie in „Die Folter endet nie" der Darbietung eines Diskurses über Kunst. In seiner Gesamtheit ist der Song eine metatextuelle Beschreibung des poetologischen Konzepts Tocotronics:

> „Das Blut an meinen Händen /Ist von dir / Ich habe es nicht selbst vergossen / Ich war zu feige / Zu verdrossen / Ich brauchte dich dafür / Das Blut in den Gedanken / Ist von dir / Ich habe dich mir angeeignet / Einverleibt / Und ausgebeutet / Alles was ich weiß, / Weiß ich von dir / Der Mut in den Gedanken / Ist von dir / Du bist hier / Der Dichter / Und ich bin dein Vernichter / Ich danke dir dafür / Du schönster Neid! / Du schönste Gier! / Schönste Feigheit! / Bleibt bei mir!"

Die Zeilen „Du bist hier der Dichter / Und ich bin dein Vernichter" ermöglichen unter Rückgriff der mehrmals angesprochenen, intertextuellen Strategie der Textproduktion von Tocotronic eine selbstreflexive und selbstreferenzielle Lesart. Der Zerstörung beziehungsweise Vernichtung der Dichtkunst, zu verstehen als eine Art künstlerischer Ikonoklasmus, wird durch die Verwendung des umgangssprachlichen Wortes

---

[243] Zitiert nach Markus Schneider: Die beste Band der Welt. In: Berliner Zeitung vom 20.01.2010.

„Vernichter" sogleich ästhetisch vorgeführt. Der Songtext ist dahingehend zu deuten, als dass er sich, allgemein formuliert, gegen einen Authentizitäts- und Originalitätszwang und gegen die klassische Künstlerurheberschaft ausspricht und den Diebstahl von „Gedanken", die Aneignung, Einverleibung und Ausbeutung befürwortet, obgleich eine ehrfürchtige Huldigung des originären Kunstwerks beziehungsweise der Dichtung und eine höfliche Danksagung an den Künstler erfolgt. Das Bedienen an künstlerischen Werken und Vorbildern, das Zitieren und Verweisen von und auf andere Werke oder auch das Re- und Dekontextualisieren von gegenkulturellen Haltungen, so wäre weiter zu argumentieren, werden zum ultimativen Stilprinzip erhoben, was bereits im zuvor analysierten Song der Fall ist, da die Frage nach der Ästhetik des Widerstands prinzipiell übernommen und im Songtext produktiv gemacht wurde.[244]

3.4.4 Nur Schall und Rauch? - „Schall und Wahn"

Der Titel „Schall und Wahn" ist ein Zitat aus Shakespeares „Macbeth",[245] und der Songtext lässt sich nur unter Rücksichtnahme des textlichen Kontextes des Shakespeare-Zitates sinnstiftend erschließen.[246] Der entsprechende Textabschnitt aus Shakespeares Macbeth sei daher zitiert:

> „Life's but a walking shadow, a poor player that struts and frets his hour upon the stage and then is heard no more: it is a tale told by an idiot, full of sound and fury, signifying nothing."[247]

Die Worte „full of sound" sind statt (voller) „Schall" – der zunächst lediglich ein physikalisch bedingtes, unbestimmtes auditives Ereignis bezeichnet – im Sinne der Deutschen Redensart „Schall und Rauch" alternativ mit „leeres Gerede" zu übersetzen. Diese Lesart wird noch vor Beginn des eigentlichen Gesangs im Song „Schall und Wahn" bestätigt, denn im knapp zweiminütigen musikalischen Vorspann des Songs ist die von einem Vocoder verzerrte Stimme Dirk von Lowtzows zu hören, die insgesamt

---

[244] So erfolgt auch in diesem Album eine Beschreibung und zugleich Legitimierung der textuellen Arbeitsweise Tocotronics, wie es auf dem Album *Pure Vernunft darf niemals siegen* in dem Song „Gegen den Strich" und auf dem Album *Kapitulation* in dem Song „Luft" bereits der Fall war.

[245] Vgl. William Shakespeare: Macbeth. Hg. von Rex Gibson. 2. Aufl., Cambridge/Stuttgart 2005.

[246] Darüber hinaus verweist der Songtitel auch auf ein Werk von William Faulkner, „Schall und Wahn", zu dem sich jedoch keine sinnvollen Bezüge herstellen lassen. Vgl. William Faulkner: Schall und Wahn. Aus dem Engl. Von Helmut M. Braem und Elisabeth Kaiser. Stuttgart 1956.

[247] Shakespeare: Macbeth, Akt 5, Szene 5, Vers 24-28.

sechs Mal „Contra Tocotronic"[248] deklamiert. Der Inhalt des Songs erfährt dadurch vorab eine Brechung, eine Negation beziehungsweise gibt sich der Song gewissermaßen als wahnhaftes und leeres Gerede oder besser gesagt als wahnhafter und leerer Gesang zu erkennen, der eben nichts signifiziert, sprich nichts bezeichnet oder bedeutet.[249] Im Songtext selbst artikuliert das lyrische Ich nun ein ambivalentes Abhängigkeitsverhältnis zu „Schall und Wahn":

> „Schall und Wahn / Ich bin euch Untertan / Ich bin euch zugeteilt / Ich bin ein Teil des Teils / Schall und Wahn / Ich bin ich euch zugetan / Ich bin in eurer Macht / Ihr habt mich ausgedacht / Schall und Wahn / Ihr schreitet mir voran / Ich bin ein Einzelton / In eurer Division / Schall und Wahn / Ihr habt mir wehgetan / Der Schlachtruf ist verhallt / Die Kräfte schwinden bald / Schall und Wahn / Doch noch ist nichts vertan / Und wenn ihr wiederkehrt / Kehr ich zurück / [...] Schall und Wahn / Ich flehe euch heute an / In euer Angesicht / Bitte / Verlasst / Mich / Nicht"

Die Zeilen „Ich bin ein Einzelton / In eurer Division" legen aufgrund der musikalischen Selbstreferenz eine Verortung des „Schall und Wahn[s]" im Kontext der Kunst beziehungsweise der Musik nahe. Das lyrische Ich betrachtet sich als ein „Teil" des Systems der Kunst, dessen Wesen es ist, aus „Schall und Wahn" zu bestehen und eine Art Krieg zu führen. Das lyrische Ich ist sich damit seiner fiktiven Beschaffenheit bewusst, denn es wurde „ausgedacht". Die Existenz des lyrischen Ichs ist dem „Schall und Wahn" der Kunst geschuldet, und die Existenz definiert sich über „Schall und Wahn". Das lyrische Ich ist somit in einem Zyklus gefangen, aus dem es nicht ausbrechen kann. Jedoch ist nicht die Kunst in Gänze als „Schall und Wahn" abzutun, sondern nur ein „Teil" der Kunst, der „Teil des Teils". Das Leben wird in diesem „Teil" der Kunst zu einem „wandelnden Schatten", wie Shakespeare dichtet, zu „einer Sage, erzählt von einem Idioten, voller Schall und Wahn, die nichts bedeutet."[250] Die impliziten Reflexionen zur Kunst eröffnen ihrerseits wiederum eine selbstreflexive und selbstironische Lesart. Tocotronic beziehungsweise das Sprechersubjekt Dirk von Lowtzow, so wäre weiter zu argumentieren, ist als Teil der Kunst nun dieser wahnsinnige, schauspielende „idiot", der „poor player that struts and frets his hour upon the stage and then is heard no more", welcher Gebrauch von inhaltslosen Wortfetzen macht. Die Wortfetzen, das leere Gerede, bestehen nun in Bezug auf Tocotronics Songtexte im allgemeinen aus der gesprochenen Sprache des Widerstands. Der nur

---

[248] In den Liner Notes des Booklets von *Schall und Wahn* sind die Worte „Contra Tocotronic" in Spiegelschrift zu vernehmen.
[249] In diesem Song findet die Selbstvernichtung somit noch vor der Selbstschöpfung statt.
[250] Vgl. Petras: Dialektik der Auflösung, im Erscheinen.

angedeutete Widerstand als solcher hat noch keine genaueren Konturen angenommen. Die Formulierung von Dissidenz und Protest kommt nicht über das symbolische Stadium hinaus, denn die Frage nach der „Ästhetik des Widerstands" und der politischen Kunst und deren real-praktische Anwendbarkeit über das System der Kunst hinaus, bleibt weiterhin unbeantwortet. Dieser Argumentationslinie folgend offenbart der Songtext zugleich ein reflexives Bewusstsein und einen Rezeptionshinweis. Letzterer bestünde in etwa darin, sich trotz der suggerierten Relevanz bei der Rezeption und Exegese der Songtexte von Tocotronic vor einer Überinterpretation in Acht zu nehmen, denn letztendlich bestehen die Songs beziehungsweise die Songtexte aus „Schall und Wahn".

3.4.5 Against Interpretation – „Keine Meisterwerke mehr"

Bereits der Titel des Songs, „Keine Meisterwerke mehr" stellt eine augenscheinliche Bezugnahme zu Kunst her, denn als Meisterwerke werden in den Künsten bekanntlich außerordentlich formvollendete Werke bezeichnet. Der Inhalt des Songtextes ist jedoch weniger ikonoklastisch zu verstehen, wie es in „Das Blut in meinen Händen" noch der Fall war:

> „Keine Meisterwerke mehr / Die Zeit ist längst schon reif dafür / Was wir niemals zu Ende bringen / Kann kein Moloch je verschlingen / Kann kein Hummer / In die Zange nehmen / Kein Wind in alle Welt vertreiben / Und in feinstem Unvernehmen / Werden wir ohne Reue weiter... / Und aus tausenden Gerüchten / Werden wir die Zweifelshefe züchten / Die uns alle nährt / Dann gibt es / Keine Meisterwerke mehr"

Das Sprecherkollektiv spricht sich im Songtext offen für unvollendete und gegen formvollendete, abgeschlossene Kunstwerke aus. Das unvollendete Kunstwerk verweigert sich einerseits der konsistenten Sinnerschließung, andererseits der Vereinnahmung und der Kritik. Es kann von keinem „Moloch" verschlungen oder von keinem „Hummer" in die „Zange" genommen, sprich von keiner Kunstkritik oder von keiner Exegese gänzlich erfasst, analysiert, interpretiert oder kritisiert werden. Wie bei „Das Blut in meinen Händen" liegt hier ein rein metatextuell konstituierter Songtext vor. Dirk von Lowtzow legt in einem Interview diese Deutung nahe und verweist zugleich auf das Schaffen des amerikanischen Film- und Performance-Künstlers Jack Smith:

> „Tatsächlich war das Stück als Hommage an den Filmemacher und Performance-Künstler Jack Smith gedacht, der in den frühen 60ern so ein wenig Andy Warhol vorweggenommen hat. Smith hat sich allen Erwartungen entzogen, hat sehr fragmentarisch gearbeitet, kaum etwas zu Ende gebracht. „Keine Meisterwerke

mehr" sollte so etwas wie eine Liebeserklärung an diesen feinen, sehr eigenwilligen Menschen sein."[251]

Der im Songtext implizit und im Interviewausschnitt explizit gelobte, fragmentarische Charakter der Kunst eines Jack Smith wird sogleich im Songtext formal vorgeführt, wenn es heißt: „Und in feinstem Unvernehmen / Werden wir ohne Reue weiter...". Das Sprecherkollektiv verzichtet in der letzteren Zeile also bewusst auf eine Ausformulierung, da das „Unvernehmen" – in Anlehnung an Jacques Rancière zu verstehen als die Verständigung und gleichzeitige Nicht-Verständigung, die jedem Sprechakt eingeschrieben ist[252] – ohnehin dazu führt, dass das Gesagte immer vom Empfänger beziehungsweise vom Rezipienten in einer bestimmten Weise verfehlt wird. Auf musikalischer Ebene wird der fragmentarische Charakter deutlich, indem der Song am Ende inmitten eines Gitarren-Solos abrupt abbricht. Neben der ähnlichen, metatextuellen Beschaffenheit lässt sich „Keine Meisterwerke mehr" daher als inhaltliche Rekurrenz auf „Das Blut an meinen Händen" deuten, da die Vorstellung Jack Smiths von der Kunst, seine Idee von einer fragmentarischen Konzeption, von Tocotronic „angeeignet, einverleibt und ausgebeutet"[253] wird. Die Zeilen „Und aus tausenden Gerüchten / Werden wir die Zweifelshefe züchten" sind schließlich bei selbstreflexiver Auslegung dahin gehend zu verstehen, dass Tocotronic beispielsweise mittels Selbstironie beziehungsweise romantischer Ironie in ihren Songtexten auf angreifbare Positionen verzichten und keine festen Standpunkte zu erkennen geben, was unter anderem das scheinbar willkürliche Einnehmen von gegenkulturellen Haltungen anbelangt. Dadurch gelingt es ihnen die „Zweifelshefe" zu „züchten".

3.4.6 An alle Außenseiter – „Stürmt das Schloss"

Der Song „Stürmt das Schloss" ist vom Tempo und Rhythmus der schnellste und vom Gesang der am aggressivsten wirkende Song des Albums.[254] So besteht seine Besonder-

---

[251] Vgl. das Interview der Online-Ausgabe des *Stern* auf deren Internetseite: <http://www.stern.de/kultur/musik/tocotronic-im-interview-im-jahre-2020-fliegen-wir-zum-mond-1537064.htm>. Datum des Zugriffs: 24.11.2010.

[252] Vgl. Jacques Rancière: Das Unvernehmen: Politik und Philosophie. Aus dem Franz. von Richard Steurer. Frankfurt am Main 2002, S. 11.

[253] Tocotronic: Das Blut an meinen Händen. Auf: CD *Schall und Wahn*, Vertigo 2010.

[254] Auf musikalischer Ebene lässt sich der Song daher mit „Aber hier leben, Nein Danke" und „Sag alles ab" vergleichen.

heit in dem kämpferischen, fast militanten, textlichen Gestus, der dem Songtext zu Grunde liegt und einzig in diesem Songtext derartig offen vorgetragen wird[255]:

> „Ausgesperrte / Stürmt das Schloss / Weggesperrte / Stürmt das Schloss / Ungewollte / Stürmt das Schloss / SDS / D / SDS / Anormale / Stürmt das Schloss / Ausgeflippte / Stürmt das Schloss / Abgeschaffte / Stürmt das Schloss / SDS / D / SDS"[256]

Im Songtext wird zunächst ein dringlicher Aufruf artikuliert die herrschende Ordnung, symbolisiert durch das Schloss, zu zerstören. Die Aufforderung richtet sich an jegliche Außenseiter, an die Randgruppen der Gesellschaft, ohne dass diese genauer benannt sind: „Ausgesperrte", „Weggesperrte", „Ungewollte", „Anormale", „Ausgeflippte" und Abgeschaffte". Somit ist eine größtmögliche Identifikationsmöglichkeit für den Rezipienten gegeben, der sich in irgendeiner Form im Songtext wiederfinden kann. Die im Song als „SDS" abgekürzten Worte „Stürmt das Schloss" kommen einem Schlachtruf, einer Kampfparole gleich und verweisen augenscheinlich auf den *Sozialistischen Deutschen Studentenbund* der gemeinhin mit den selben Initialen abgekürzt wird. Die Anspielung auf die studentische Protestkultur wird nun mit biblischer Mythologie verknüpft, was zu einem Bruch innerhalb des Songs führt, der sowohl auf formaler textlicher, als auch auf musikalischer Ebene signalisiert ist:

> „Durchquert / Den endlosen Sand / Teilt das durstige Meer / Jagt der Narrheit / Hinterher / Durchstreift das karstige Land / Teilt das durstige Meer / Treibt das Irrsal / Bis hierher"

Nach biblischer Überlieferung führte Moses, nach seiner Geburt selbst ein Ausgesetzter der Gesellschaft, als Gesandter Gottes bekanntlich das Volk der Israeliten auf einer vierzig Jahre währenden Wanderung aus der Sklaverei in Ägypten in das kanaanäische Land. Im Zuge seiner Wanderung „teilt[e]" Moses das „Meer" und durchquerte die Wüste, „den endlosen Sand". Am Ende seiner Wanderung stellte Moses auf Geheiß

---

[255] Der Song erinnert in seiner Gesamtheit an den musikalischen Stil des Hardcore. Die Stilrichtung des Hardcore ist eine amerikanische Fortführung des britischen Punk mit anderen Mitteln und lässt sich als eine rockmusikalische Subkultur fassen, die sich Ende der 1970er Anfang der 1980er Jahre herausbildete. Kennzeichnend für den Hardcore sind die lautstark artikulierten und bis zur Unkenntlichkeit förmlich herausgeschrienen Songtexte. Dabei steht zumeist die Übermittlung einer provokanten oder aufrührerischen Message im Vordergrund, die oft aus drei prägnanten Worten zusammengesetzt ist. Die Songtexte sind generell sozialpolitisch einzuordnen und richten sich zum Beispiel gegen jegliche Form von Herrschaft beziehungsweise Herrschaftsinstitutionen, gegen Konformismus oder gegen Ungerechtigkeit und Ungleichheit. Vgl. die Angaben auf der Internetseite des Musikinformationsanbieters *allmusic*: <http://www.allmusic.com/explore/essay/hardcore--thrash-t542>. Datum des Zugriffs: 24.11.2010. Die Ähnlichkeiten zum Song „Stürmt das Schloss" sind frappierend. Der Song ist somit als musikalisches Zitat beziehungsweise als Verweis auf die subkulturelle Protestkultur des Hardcore zu deuten.

[256] Zur besonderen graphischen Anordnung der Zeilen „SDS / D / SDS" vgl. den Songtext im Anhang.

Gottes den in Stein gemeißelten Dekalog, die Zehn Gebote auf. Die hier artikulierten Handlungsaufforderungen lassen sich aufgrund des imperativen Gestus gleichermaßen als ein Gebot einer höheren Instanz, um nicht zu sagen einer göttlichen lesen, was recht irritierend wirkt. Der Songtext fordert nun Außenseiter der Gesellschaft gezielt dazu auf, närrisch und fehlgeleitet zu agieren. In Folge dessen erhält der Sturm auf das „Schloss" auf seltsame Weise eine karnevaleske Charakterisierung, und der Songtext offenbart somit einen kritisch lesbaren Impuls. Die kritische Lesart bestätigt sich in den letzten Zeilen des Songs: „Ihr seid alle / Superstars / Hand in Hand / In den / Zone-Wars / Gitarren / Schlagzeug / Stimmen / Bass / Euch eint / Nettigkeit / Und Hass". Die schon vorher gegebene Assoziation zu dem TV-Format *Deutschland sucht den Superstar*[257], gemeinhin abgekürzt als DSDS, verfestigt sich durch die Bezeichnung der Außenseiter der Gesellschaft als „Superstars" und der Verweis auf Musik durch die Erwähnung der klassischen Instrumentation des Rock, „Gitarren, Schlagzeug, [...] Bass". Darüber hinaus erfolgt eine Verknüpfung von zwei bis auf die Initialen nicht weiter vergleichbare, eher gegensätzliche Phänomene, eben die des *Sozialistischen Deutschen Studentenbundes* mit dem TV-Format *Deutschland sucht den Superstar*. Was zu Beginn als durchaus ernst gemeinter Aufruf zur Revolution verstanden werden kann, ist nun als Kritik der Popkultur und der musikalischen Casting-Show *Deutschland sucht den Superstar* lesbar, wobei sich insbesondere der letzte Teil des Songtextes einer konsistenten Sinnerschließung entzieht. Die Kritik könnte darauf zielen, dass die Popkultur und die Popmusik durch TV-Formate wie *Deutschland sucht den Superstar* pervertiert wurde und ihr die dissidente Funktion, die Möglichkeit der Erstürmung des Schlosses, abgesprochen werden muss. Die gegebene Sinndiversifikation, pendelnd zwischen Revolutionsapell und Gesellschafts- und Medienkritik, führt letztendlich zu einer Betonung der subjektiven Deutungshoheit, da trotz des prägnanten Slogans „Stürmt das Schloss" kein eindeutiger Standpunkt im Songtext vertreten und der Revolutionsapell in Anbetracht des Verlust der dissidenten Funktion von Popmusik somit wiederum kritisch hinterfragt wird.

---

[257] Das TV-Format *Deutschland sucht den Superstar* ist eine überaus populäre, musikalische Casting-Show, bei der die Teilnehmer rundenweise gegeneinander antreten, bis ein Gewinner als Superstar feststeht.

3.4.7 Wahn gewordene Dichtung – „Gesang des Tyrannen"

Der Song „Gesang des Tyrannen" offenbart im Titel einen musikalisch-künstlerischen Selbstbezug. Der Songtext ist insgesamt als eine Art Rollenpoesie zu verstehen, da der eigentliche „Gesang des Tyrannen" im Songtext durch einen Doppelpunkt und Anführungsstriche gekennzeichnet ist und somit nicht als Worte des lyrischen Ichs auszulegen ist, sondern als die des Tyrannen:

> „Gesang des Tyrannen: / „Sei mir willkommen / Mein Verlangen / Und ein flammendes / Inferno grüßen dich / Auf das / Allerherzlichste / Was einst Farce war / Wird Geschichte / In diesem Sinne / Lass mich singen / Das Spiel möge / Beginnen" / Gesang des Tyrannen: / „Sei mir willkommen! / Mein Bangen / Und ein flammendes Inferno / Grüßen dich / Meine Herrschaft / Beherrscht mich / Wer einst klar sah / Hat Gesichte / In diesem Sinne / Lass mich dichten / Und diesen Staat / Vernichten""

Der Tyrann charakterisiert sich in diesen ersten beiden Strophen selbst als eine widersprüchliche Persönlichkeit. Auffällig sind zunächst die höflichen, begrüßenden Worte des Tyrannen in Richtung des Rezipienten. Der Tyrann, im heutigen Sprachgebrauch ein negativ besetzter Begriff, welcher einen Gewaltherrscher bezeichnet, der über keine Legitimation seiner Despotie verfügt, offenbart entgegen einer möglichen Erwartungshaltung eher feingeistige Eigenschaften, da er sich über die höfliche Bitte, singen zu dürfen, hinaus explizit als Sänger und Dichter zu erkennen gibt. Allerdings verfolgt der Tyrann gemäß seiner ihm üblicherweise zugesprochenen Eigenschaften das Ziel, den „Staat [zu]vernichten" und zwar mittels Dichtung beziehungsweise Gesang. Wie eine solche Dichtung aussehen könnte, der es gelingt, „diesen Staat [zu]vernichten" bleibt unerklärt. Diese Frage lässt der Songtext ebenso offen, wie die der Ästhetik des Widerstands in „Die Folter endet nie". Der tyrannische Wunsch der Staatsvernichtung erscheint jedoch als ein zweifelhaftes Vorhaben, denn wie der verblendete Tyrann paradoxerweise reflexiv eingesteht, ist er ein Gefangener seiner eigenen Herrschaft, was zu Wahnvorstellungen, zu Trugbildern führt. Erst in Folge der Einbildung entspringt der Wunsch der Staatsvernichtung. Die zitierten Zeilen verschließen sich einer klaren Sinnerschließung. Hervor sticht allerdings die Beschreibung des Gesangs des Tyrannen als ein Spiel. Im Umkehrschluss ist die Vernichtung des Staates für den Tyran ein „Spiel", dessen Beginn der Tyrann als Spielleiter feierlich verkündet und zu dem er den Rezipienten zur Teilhabe einlädt. Das „Spiel" an sich signifiziert jedoch nichts, trotz der Relevanz suggerierender Begriffe wie „Tyrann", „Staat" und Vernichtung, was die folgenden Zeilen des nun sprechenden lyrischen Ichs nahelegen: „In mir brennt das /

Ewige Feuer / Kalt / Modern / Und teuer / In mir strahlt das / Ewige Licht / Doch dahinter / Gibt es / Nichts". „Hinter" dem künstlichen, vom lyrischen Ich imitierten „Gesang des Tyrannen" und gleichfalls dem Gesang des lyrischen Ichs, dass sich selbst mit einer Symbolik des ewigen Feuers und des ewigen Lichts, beschreibt, „gibt es nichts". Der „Gesang des Tyrannen" ist ein artifizielles, rollenpoetisches „Spiel" eines pathologischen Künstlers, was insbesondere die nächsten Zeilen des Songs zu verstehen geben: „Ich bin Graf / Von Monte Schizo / Und ich singe / Diesen Hit so". Letztere Zeilen ließen sich als tocotronischer Kalauer abtun, sind jedoch abermals ein selbstreflexiver und metatextueller Kommentar des lyrischen Ichs, dass seinerseits zu verstehen gibt, dass es sich bei dem „Gesang des Tyrannen" um Kunst, um einen Song handelt. Eben diesem artifiziellen Charakter ist sich das lyrische Ich bewusst. Der sprachliche Stilbruch in diesen Zeilen korreliert mit einem Bruch der zuvor suggerierten Ernsthaftigkeit, indem sich das lyrische Ich als wahnsinnig, als schizophren bezeichnet. Daraus folgt wiederum, dass die zuvor geschaffene Rollenpoesie als auch ihre Inhalte außer Kraft gesetzt werden. Der Song ist in seiner Gesamtheit reflexiv vorgeführter, rollenpoetischer „Schall und Wahn" im Sinne des Tyrannen Macbeth. Er ist wahnhafte, gesungene Dichtung, die im System der Kunst verhaftet bleibt und nicht auf die Realität des Rezipienten rekurriert. Die vom Songtext angebotenen, politischen Implikationen, wie die der Tyrannei und die der Zerstörung eines Staates durch Kunst beziehungsweise Gesang und Dichtung, die außerhalb des Systems der Kunst Relevanz aufweisen, liegen nicht vor. Der Text formuliert somit auf Metaebene implizit erneut die Frage nach der sinnstiftenden Funktion von Kunst.

3.4.8 Das bescheidene Regime - „Bitte oszillieren Sie"

Der Song „Bitte oszillieren Sie" ist inmitten des Albums *Schall und Wahn* zu finden. Er sei aufgrund der zentralen und zusammenfassenden, metatextuellen Aussage – die der nicht gegebenen, eindeutigen Sinnerschließung eines Songs von Tocotronic auf dem Album *Schall und Wahn* und des generell zu konstatierendem Pendelns zwischen Protest und Reflexionen zur Kunst – als letzter Song analysiert. Der Songtext richtet sich mittels Imperativ direkt an den Rezipienten und stellt zugleich sowohl eine Lebensphilosophie als auch auf Metaebene eine spezielle Rezeptionsaufforderung dar. Die genannte zentrale Aussage wird dabei durch dadaistisch anmutende, offensichtlich humoristische Formulierungen vermittelt und durch eine Art musikalischen Polka-Rhythmus, eine „Zwittermelodie", verstärkt:

> „Bitte oszillieren Sie / Zwischen den Polen / Bumms! Und Bi! / Bitte oszillieren Sie / Bitte oszillieren Sie / Bitte oszillieren Sie / Hin und Her und wild wie nie / Bitte oszillieren Sie / Bitte oszillieren Sie / Bitte oszillieren Sie / Zu dieser Zwitter- / Melodie / Bitte oszillieren Sie / Bitte oszillieren Sie / Bitte oszillieren Sie / Im Sinne der Ideologie"

Bei genauerer Betrachtung artikuliert der Songtext entgegen seines humoristischen Anscheines eine durchaus ernsthafte Aufforderung. Die hier ausdrücklich proklamierte „Ideologie" des Oszillierens, die Zeile „Bitte oszillieren Sie" wird insgesamt 23 mal im Song gesungen, beinhaltet zunächst die recht banal daherkommende Aufforderung zwischen „den Polen", „hin und her" „und wild wie nie" zu pendeln. Hinter dem Pendeln „Zwischen den Polen" verbirgt sich jedoch die Aufkündigung von festen, starren Denkpositionen, die Entsagung des Festhaltens an bestimmten Sichtweisen, die sich einer weiteren Reflexion oder Korrektur verschließen, was die nächsten, im Grunde paradox formulierten Zeilen zu erkennen geben: „So sanft / Ist das Gesetz: / Bitte legen Sie / Nichts fest / Das Regime ist / So bescheiden: / Sie müssen nichts / Entscheiden". Die nicht gegebene eindeutige Sinnerschließung der Songtexte von Tocotronic wird an dieser Stelle aus sich selbst heraus legitimiert. Das „sanft[e] Gesetz", so will es das „bescheiden[e] Regime" – bei selbstbezüglicher Lesart Tocotronic selbst – ist kein Zwang, sondern eine nahegelegte Option, die wiederum der „Ideologie" des Oszillierens entspricht. Die Zeilen implizieren somit einen „selbstironischen Blick auf den ewig tobenden, mal mehr, mal weniger bewusst geführten Kampf zwischen Text und Interpretation, zwischen Künstler, Kunst und Publikum."[258] In der Entscheidungsfindung kann und soll der Rezipient „nichts" festlegen. Desgleichen sind die Songtexte gemäß des postmodernen Diktums des Pluralismus von Tocotronic so formuliert, dass eine eindeutige Festlegung der inhaltlichen Aussagen beziehungsweise eine konsistente Sinnstiftung zumeist ohnehin nicht möglich ist, sondern sich nur gewisse Tendenzen – auf der einen Seite Protestbekundungen, auf der anderen Reflexionen zur Kunst – herauskristallisieren lassen. Die Tendenzen müssen „Im Sinne der Ideologie" allerdings wiederum angezweifelt werden, da sie von „Schall und Wahn"

---

[258] Vgl. die Rezension Friedrich Reips zu *Schall und Wahn* auf der Internetseite des Online-Musikmagazin *Bloom*: <http://www.bloom.de/articles/article_008592_php4.htm>. Datum des Zugriffs: 27.11.2010.

durchsetzt sind und das Selbstbewusstsein von Kunst, Aussagen über die Wirklichkeit zu treffen, generell in Frage gestellt wird. Ein weiterer Song des Albums trägt in diesem Sinne und gemäß dem Motto De omnibus dubitandum den manifesthaften Titel „Im Zweifel für den Zweifel".

3.5 Zwischen Protest und Reflexionen zur Kunst – Resultate der Analyse

Diedrich Diederichsen beschreibt in seinem Vorwort zur Neuauflage seines auto-biographischen und essayistisch gehaltenen Buches „Sexbeat"[259] die Funktions-mechanismen von Popmusik wie folgt:

> „Pop-Musik kommt immer in zwei Formen vor, das gilt bis heute: als Vertretung und als Versprechen. Entweder ermöglicht sie mir den Eintritt in die Welt oder sie <<verspricht>> mir eine andere Welt. […] Sie macht im ersten Fall individuelle und kollektive Modell sichtbar, präsentiert sie den anderen, führt sie fast aggressiv gegen diejenigen vor, die sie nicht kennen oder schätzen wollen. […] Zum anderen bietet sie die aggressiv vorgeführten Modelle zur Identifikation, vor allem aber die imaginären Perspektiven des zweiten Modells zum dauerhaften Ankauf für individuelle Innenausstattung an. Das Material der Pop-Musik erscheint also immer entweder als soziales Material für gesellschaftliche Projektionen und für sympathisierende Politik, neben die man sich virtuell stellen möchte, oder wendet sich an die Innenperspektive: als Material für Träume und Perspektiven […]."[260]

Die allgemeinen Ausführungen Diederichsens zur Popmusik umschreiben im wesentlichen das, was die Textoberflächen der in dieser Arbeit analysierten Songs von Tocotronic zu suggerieren scheinen, obgleich keine strikte Trennung von „Vertretung" und „Versprechen" vorliegt, sondern vielmehr eine Verknüpfung von „Vertretung" und „Versprechen" und von sozialem „Material" und „Material für Träume und Perspektiven" festzustellen ist. Das jeweilige lyrische Ich leistet insbesondere in den analysierten Songs der Musikalben *Pure Vernunft darf niemals siegen* und *Kapitulation* – bezüglich *Schall und Wahn* trifft dies nur bedingt zu – ein Versprechen einer alternativen Welt beziehungsweise einer umgewandelten und veränderten und somit besseren Welt, die in ihrem imaginären Entwurf bereits feste Konturen angenommen hat, und stellt zugleich den Eintritt in diese alternative Welt in Aussicht respektive gibt das lyrische Ich vor, einen Zugang zu dieser zu wissen und zu ermöglichen.

Hinsichtlich der analysierten Songs des Musikalbums *Pure Vernunft darf niemals siegen* wird das Modell eines alternativen Lebens in einer romantisch über-

---

[259] Diedrich Diederichsen: Sexbeat. 1. Aufl., Köln 2002.
[260] Ebd., S. XXVII.

determinierten, idealisierten Welt präsentiert, und es werden romantische Motive wie das der Weltflucht, der Traumverlorenheit, der Suche nach dem Wunderbaren und der Sehnsucht literarisch produktiv gemacht. Der vorgeführte, eskapistisch geprägte Lebensentwurf ist dem gemäßigten, spießbürgerlichen entgegengesetzt und kann daher sowohl als „soziales Material für gesellschaftliche Projektionen" betrachtet werden als auch als eine vorgeführte „Politik", eben die des Eskapismus und der romantischen Weltflucht, welche zur Identifikation einlädt. Das vorgeführte Leben, das Leben „Gegen den Strich" zeichnet sich einerseits durch einen Verzicht auf Vernunft, Verstand, Rationalität und Funktionalität aus, offenbart andererseits eine Affirmation zur Imagination und Illusion als auch zum Wahnsinn und zur Idiotie. Besonders „aggressiv" wird das alternative Lebensmodell exponentiell „Aber hier leben, nein danke" vorgeführt. Der im Gewand des klassischen Protestsongs daherkommende Song nimmt explizit von dem bürgerlichen und gesellschaftlich funktionalen Dasein Abstand und feiert stattdessen unter anderem den Rausch und den Exzess. Der utopische beziehungsweise imaginäre Charakter des alternativen Lebensmodells wird in Form eines leeren Heilsversprechens in „Keine Angst für niemand" auf die Spitze getrieben, was sich letztendlich als inhaltsleere Floskel zur größtmöglichen Projektionsfläche eigener Träume und Perspektiven herausstellte. Zugleich wurde in diesem Song das Versprechen eines von Angst befreiten Ortes mittels schauerromantischer Elemente konterkariert. Hinsichtlich des vom lyrisch Ich entworfenen und vorgeführten, alternativen Lebensmodells lassen sich noch deutlicher selbstkritische und selbstironische Tendenzen in „Gegen den Strich" ausmachen, da in dem Song die sinnfreie Forderung der „Illusion als Menschenrecht" artikuliert wird und die Anspielung auf Huysmans gleichnamigen Roman, wie thematisiert, zudem einen differenzierten Blick auf das vorgeführte Lebensmodell impliziert. Ähnlich verhält es sich mit dem dogmatischen Titelsong „Pure Vernunft darf niemals siegen", der gleichfalls selbstkritische und selbstironische Komponenten preisgibt. In dem Song wird vorrangig die Dysfunktionalität und der Ausschluss aus der Gesellschaft unter Schaffung von Lügenkonstrukten propagiert und somit konkret einen Weg zur erstrebenswerten Desintegration aufzeigt. Aufgrund der übertriebenen, hymnisch-emphatischen Steigerung und dem fragwürdigen Aufruf zur Desintegration offenbart der Song jedoch eine Unentscheidbarkeit, ob der Ausschluss aus der Gesellschaft ernst gemeint ist oder selbstironisch persifliert wird. Der abschließend analysierte Song „Ich habe Stimmen gehört" lässt sich, wie thematisiert, auf zwei Ebenen fassen. Zunächst als rekapitulierende Beschreibung der Grenzüberschreitungen und transzendentalen Erfahrungen des lyrischen Ichs im Zuge des alternativen Lebensentwurfs, was im Sinne Diederichsens wiederum als „Versprechen" und zugleich „Vertretung" gefasst werden kann. Die zweite Lesart ist die, dass der Songtext die Grenzüberschreitung auf selbstreflexiver und metatextueller Ebene thematisiert und die eigene Rolle Tocotronics, als auch die ironische Distanz zu dieser transparent gemacht wird, was in Rekurrenz auf die Überlegungen Batailles und Foucaults als philosophischer Diskurs zum Leben mit und in der Kunst deutbar ist. Vom ersten Song „Aber hier leben, Nein Danke" bis zum letzten Song „Ich habe Stimmen gehört" ist insgesamt eine Verschiebung von Protestbekundungen zu Reflexionen zur Kunst erkennbar. Das vorgeführte, alternative Lebensmodell wird mittels Re- und Dekontextualisierungen gegenkultureller Haltungen, durch Zitate und Verweise auf im weitesten Sinne Kulturen des Protestes beziehungsweise auf Versatzstücke der Protestkultur vermittelt. Beginnend mit der romantischen Überdetermination als gegenkulturelle Haltung zur Aufklärung bedienen sich Tocotronic in der Textproduktion nahezu willkürlich verschiedener Protesthaltungen: Atomkraftgegnerschaft, Sozial- und Gesellschaftskritik der Ton Steine Scherben, subversiver und politisch-künstlerischer Protest Guy Debords und der *Situationistischen Internationale*, Joris-Karl Huysmans Entwurf der Flucht ins Künstliche und Imaginäre, die philosophische Grenzüberschreitung nach Bataille und Foucault, Foucaults Überlegungen zum Wahnsinn, daran anknüpfend der positivistische Ansatz des *Sozialistischen Patientenkollektiv* zum Wahnsinn und des klassischen Arbeiterliedes *Die Internationale*. Die Kombination des selbstreferenziellen Spiels mit gegenkulturellen Haltungen mit den teilweise unkonkreten und sinnfreien Ausformulierungen der eigenen Protestkundgebungen sowie mit der Betonung des eigenen künstlichen Charakters der Songtexte und der insgesamt durchschimmernden romantischen Ironie erzeugt eine Form der Dissidenz, die mehr symbolischer als tatsächlich praktikabler Natur ist. Trotz der offensichtlichen Protestbekundungen und der Gesellschaftskritik liefern Tocotronic im Grunde genommen „beliebig gefüllte (und zu füllende) Chiffren"[261] die vom Rezipienten entsprechend individuell auszufüllen

---

[261] Petras: Dialektik der Auflösung, im Erscheinen.

80

sind. Das textuelle Verfahren von Tocotronic, die gewissermaßen „ironische Neureflexion" des „bereits Gesagten"[262] führt dazu, dass Tocotronic letzten Endes keine genuine Stellung beziehen und die Songs nicht über die von Diederichsen ausgemachte Formen der Vertretung und des Versprechens hinauskommen, obgleich das genaue Gegenteil suggeriert wird: „Die Paradoxie besteht in dem sprachlichen Verfahren, Chiffren zu liefern, die keinerlei Zugang zu Informationen gewähren, weil die Abwesenheit von Informationen ihr Programm ist."[263] Vielmehr zeichnet sich in den analysierten Songs des Albums *Pure Vernunft darf niemals siegen* die Tendenz ab, dass es Tocotronic nicht primär um die inhaltliche Vermittlung des Protestes geht, sondern, auf Metaebene, um die Möglichkeitsbedingungen der Formulierung von zeitgenössischem Protest und zeitgenössischer Gesellschaftskritik im Rahmen der Kunst:

> „Die Ausbildung von Relevanz ist nicht primär an die Kommentierung gesellschaftlicher Prozesse im Medium der Kunst gebunden, sondern erwächst zuerst der Reflexion feldinterner Strukturierungen."[264]

Wie die Analyse der Songs von dem Album *Kapitulation* zeigte, funktionieren diese Songs auf eine ganz ähnliche Weise, obgleich das vorgeführte Modell der Kapitulation weitaus greifbarer und praktikabler als der romantische Lebensentwurf erscheint. Thematisch-inhaltlich deutete sich die Kapitulation wie dargelegt bereits in *Pure Vernunft darf niemals siegen* an. Bei Verknüpfung der beiden Musikalben erweist sich die Kapitulation als letztmögliche Protestform, welche, in der Logik Tocotronics, in Reaktion auf den in den zitierten Textzeilen angedeuteten, gescheiterten, romantisch und eskapistisch geprägten Protest zwangsweise zu erfolgen hat. Auch in den analysierten Songtexten des Albums *Kapitulation* und im vorab des Musikalbums veröffentlichten Manifest wird unter Verwendung von gegenkulturellen Haltungen zunächst eine Sprache des Widerstands gesprochen. Wie sich jedoch in der Analyse von letzterem herausstellte, ist das Manifest Tocotronics als ein artifizielles Konstrukt mit dadaistisch verfremdeten Elementen zu deuten, welches die auf sozialpolitischer Ebene suggerierte Relevanz und Ernsthaftigkeit expositorisch nivelliert. Die Analyse der Songs des Albums *Kapitulation* förderte noch wesentlich deutlicher als bei den Songs von *Pure Vernunft darf niemals siegen* zu Tage, dass die Songs sich als Protestsongs

---

[262] Umberto Eco: Postmodernismus, Ironie und Vergnügen. In: Wege aus der Moderne. Schlüsseltexte der Postmoderne-Diskussion. Hg. von Wolfgang Welsch. Weinheim 1988, S, 75-78, S. 77.
[263] Petras: Dialektik der Auflösung, im Erscheinen.
[264] Ebd.

und als Hymnen der Verweigerung tarnen und sich hinter der teilweise subversiven Textoberfläche und der gesprochenen Sprache des Widerstands codierte Reflexionen zur Kunst verbergen. In „Mein Ruin" wurde, versteckt hinter einer heroischen Verweigerungshaltung und der einhergehenden Glorifizierung des persönlichen Niedergangs, durch den Verweis auf Sartres Studie über Jean Genet, ein Diskurs über die komödiantische und illusionäre Funktion von Kunst literarisch produktiv gemacht. Der im Grunde sinnfreie und subversive Titelsong „Kapitulation", welcher oberflächlich die Unterwanderung der gesellschaftlichen Herrschaftsstrukturen der Kontroll- und Disziplinargesellschaft mittels des Aktes der Kapitulation propagiert, führt den Protestsong als solchen ad absurdum und offenbart somit das bereits mehrfach angesprochene Formulierungsproblem von zeitgenössischem Protest im Rahmen der Kunst. In dem aggressiv vorgetragenen Song „Sag alles ab" wird das subversive Verfahren der Kapitulation unter Rückgriff auf die ultimative, dabei jedoch ausgewiesenermaßen artifizielle Verweigerungsformel der literarischen Figur des Bartleby in Form einer Handlungsvorgabe konkretisiert und zugleich auf eine selbstironische Spitze getrieben. Der vordergründig gegen gesellschaftliche Funktionalität gerichtete und für die Nutzlosigkeit eintretende Song „Luft" ist in seiner Gesamtheit ein Exkurs über das subversive Kunstkonzepts Marcel Duchamps und des Dadaismus, und in „Explosion" wird der artifizielle Charakter des Konstrukts der Kapitulation final ein weiteres Mal offengelegt und die der romantischen Ironie entlehnte „Selbstschöpfung und Selbstvernichtung" vorgeführt, was den Song im Lichte einer metatextuellen Reflexion zur Kunst erscheinen lässt. Das eigene subversive Konzept der Kapitulation wird insgesamt somit selbstironisch unterlaufen, sodass eine Subversion auf zweifacher Ebene vorliegt. Bei oberflächlicher Betrachtung mag der Rezipient glauben, er sei durchgängig mit subversiven, in ihrer Intension ernstgemeinten Protestsongs und einer ernsthaften Lebensbewältigungsphilosophie konfrontiert. Das Konzept der Kapitulation entpuppt sich hinter der Fassade des artikulierten Protests als künstlerischer Nonsens in dadaistischer Tradition, welches einerseits zur Selbstaufhebung der getroffenen, widerständigen Aussage führt, da zugleich die Selbstverortung in der Gegenkultur zur Disposition gestellt wird, andererseits jedoch die Schaffung einer neuen Sinnproduktion, die der Reflexionen zur Kunst, eröffnet. Was die Protestbekundungen und die eigene Unterwanderung der

Relevanz und Ernsthaftigkeit betrifft, gelingt es Tocotronic hinsichtlich des Albums *Kapitulation* im Unterschied zu *Pure Vernunft darf niemals siegen*, wo die romantischen und eskapistischen Tendenzen durchaus eine Angriffsfläche für Kritik boten, prinzipiell auf angreifbare Positionen zu verzichten. Den Verzicht auf eindeutige Stellungnahmen nannte Diederichsen einst kritisch die „License zur Nullposition"[265]. Unter anderem war es auch Diederichsen, der in den 1980er Jahren in seiner Tätigkeit als Journalist und Chefredakteur der Musik- und Popkulturzeitschrift *SPEX* die Strategie der Ablehnung der herkömmlichen Protestkultur der 1968er Bewegung etablierte, welche eben auf eine kritische Distinktion gegenüber dem herkömmlichen Protest zielte. Diese Anti-Protest-Kultur nannte er selbst retrospektiv die „Gegengegenkultur"[266]. Reaktiviert wurde die Haltung der „Gegengegenkultur" in der Pop-Literatur der 1990er Jahre.[267] Tocotronic bedienen sich genau dieser Strategie. Der herkömmliche, aktive Protest und die aktive Rebellion werden durch die passive Kapitulation, die wie bereits angemerkt, ihrerseits bereits subversive Züge trägt, unterwandert und prinzipiell zurückgewiesen. Tocotronic suggerieren mit dem Album *Kapitulation* eine große Relevanz, die im Grunde lediglich die Aktualisierung der geläufigen Einsicht ist, dass die moderne Dichtung auf einer „leeren Idealität"[268] basiert, das Versprechen einer besseren Welt außerhalb des Systems der Kunst nicht eingelöst werden kann oder soll.[269] Bereits hinsichtlich des Albums *Kapitulation* und auch in Bezug auf *Pure Vernunft darf niemals siegen* kann davon gesprochen werden, dass das Leben in der Kunst zu einem „wandelnden Schatten" wird, zu „einer Sage, erzählt von einem Idioten, voller Schall und Wahn, die nichts bedeutet."

Im Album *Schall und Wahn* kommt die Verschiebung des Protestes und der Widerstandsbekundungen zu Gunsten der Reflexionen zur Kunst am deutlichsten zum Tragen, was sich bereits im Titel des Albums andeutet, obgleich die Reflexionen zur Kunst durch den in den Songs anklingenden Kulturpessimismus und durch die drastische und martialische Sprache verschleiert werden. In „Die Folter endet nie" und

---

[265] Diedrich Diederichsen: Die License zur Nullposition. In: TAZ vom 07.08.2000.

[266] Diedrich Diederichsen: Die Gegengegenkultur. 68 war Revolte 77 war Punk – warum nur 68 zum Mythos wurde. In: SZ vom 24.2.2001.

[267] Dirk Frank: „Die Nachfahren der Gegengegenkultur. Die Geburt der Tristesse Royale aus dem Geiste der achtziger Jahre". In: Pop-Literatur. Ed. Text + Kritik. Hg. von Heinz Ludwig Arnold. München 2003, S. 218-234. S. 219 f.

[268] Hugo Friedrich: Die Struktur der modernen Lyrik von Baudelaire bis zur Gegenwart. Hamburg 1956, S. 47.

[269] Vgl. Petras: Dialektik der Auflösung, im Erscheinen.

„Stürmt das Schloss" lassen sich unter erneuter Verwendung von Versatzstücken der Protestkultur – der Verweis auf Peter Weiss' Ästhetik des Widerstands und auf den Sozialistischen Deutschen Sudentenbund – noch am ehesten dissidente Tendenzen und Protestkundgebungen erkennen. Allerdings mündet in „Stürmt das Schloss" der Aufruf zur Rebellion in einer Kritik der Popkultur und einer Anklage der verloren gegangen Dissidenz, während in „Die Folter endet nie" trotz der ausgerufenen „Lanze für den Widerstand" eine Betonung der Künstlichkeit, ein „Tanz für die Ästhetik" und einher ein Aufgreifen der Frage nach der sinnstiftenden Funktion von Popmusik sowie eine Thematisierung der Möglichkeitsbedingungen von Kritik und Protest im Rahmen der Kunst erfolgt. Nicht die kulturpessimistischen und gesellschaftskritischen Inhalte stehen primär zur Disposition, denn die gesellschaftlichen Defizite sind prinzipiell über jeden Zweifel erhaben[270], sondern eben die Möglichkeiten der kritischen Benennung und Ausformulierung der Inhalte in Anbetracht des Fehlens eines konkreten Feindes. In den weiteren analysierten Songs sind die Reflexionen zur Kunst recht offenkundig. Der metatextuell und selbstreflexiv zu deutende Song „Das Blut an meinen Händen" hat die Strategie der intertextuellen Textproduktion zum Thema, während in dem ebenso metatextuell und selbstreflexiv zu deutenden Song „Keine Meisterwerke mehr" explizit auf die Kunst und deren Sinnerschließung Bezug genommen wird. Der Titelsong „Schall und Wahn" beschreibt wiederum die Problematik der gesprochenen Sprache des Widerstands, die, aufgrund ihrer Verortung im System der Kunst, nicht über die symbolische Form hinauskommt. Der schon im Titel artifiziell überdeterminierte Song „Gesang des Tyrannen" und die dort aufgegriffene Vernichtung des Staates erweist sich in diesem Sinne als ausgemachter „Schall und Wahn", verankert im System der Kunst, als letztendlich inhaltsleerer „Gesang". In „Bitte oszillieren Sie" manifestiert sich schließlich das Schwanken zwischen Protestkundgebungen und Reflexionen zur Kunst beziehungsweise wird dem Rezipienten explizit vor Augen gehalten, dass er „nichts" „entscheiden" muss und die Songtexte, je vom individuellem Standpunkt aus, in mehrere Richtungen lesbar sind, wobei die Protestbekundungen auf der einen Seite, die Reflexionen zur Kunst auf der anderen, die Pole bilden.

---

[270] „Das kritisierte Establishment kümmert sich nicht um die ideologischen Bauchschmerzen einiger weniger Kunstschaffender; innerhalb der betreffenden Szene aber besteht keinerlei Aufklärungsbedarf." Vgl. ebd.

Vor dem Hintergrund des gescheiterten, subkulturellen Protests des amerikanischen Grunge und des Scheiterns der Hamburger Schule Anfang der 1990er Jahre, eine gesellschaftliche Korrektivfunktion aufrecht zu erhalten, werden die aktuellen Idiome der Kritik Tocotronics, sprich die auf Metaebenen stattfindende Hinterfragung der sinnstiftenden Funktion von Kunst beziehungsweise Popmusik und die Auslotung der Möglichkeitsbedingungen von Kritik und Protest im Rahmen der Kunst, soziokulturell erklärbar. Im Werk Tocotronics ist eine Abkehr von den introspektiven und persönlichen Befindlichkeiten und Unmutsbekundungen früherer Tage auszumachen. Die Politisierung des Privaten, welche eben dem Scheitern des Grunge und der Hamburger Schule geschuldet ist, verlagert sich spätestens mit dem Album *Pure Vernunft darf niemals siegen* in nunmehr größere, gesellschaftlich politische und künstlerische Kontexte. Die gegenwärtigen Idiome der Kritik Tocotronics zielen in Kombination mit den Protestbekundungen und den eingenommenen gegenkulturellen Haltungen prinzipiell auf „eine Störung der Diskursverläufe", lassen jedoch noch das „Fernziel" eines gesellschaftlichen „Umsturzes" erkennen[271]. Die Idiome lassen sich daher als Form der literarischen Subversion fassen, wie sie der Literaturwissenschaftler Thomas Ernst vorschlägt:

> „Subversion wäre dann die taktische Nutzung codierter Sprech- und Handlungsweisen in spezifischen Milieus und Nischen, die auf die Veränderung von Diskursformationen abzielen. Ihr wohnte noch die Idee eines Umsturzes als Fernziel inne, doch vorerst beschränkte sie sich auf eine Störung der Diskursverläufe. Für diese deutlich vorsichtigere, aber dennoch politisch bewusste Form der Subversion in der Gegenwart gibt es in der aktuellen deutschsprachigen Literatur einige Beispiele, die – im weitesten Sinne und unterschiedlicher Weise – der Tradition von Dadaismus, Surrealismus, Situationismus, Frankfurter Schule und/oder Poststrukturalismus entstammen"[272]

Im Anschluss an diese Neudefinition des Begriffs der Subversion nennt Ernst beispielsweise die Popliteratur von Thomas Meinecke, die satirische und sprach-kritische Literatur aus dem Umfeld der *Titanic* oder die an die Avantgarde anknüpfende Literatur von Ralf B. Korte. Tocotronic lassen sich desgleichen dieser Neuformierung literarischer Subversion zuordnen, zumal sie sich der genannten, künstlerischen und philosophischen Traditionen bedienen. Die codierte Sprechweise ist im Falle von

---

[271] Thomas Ernst: Ein Gespenst geht um. Der Begriff der Subversion in der Gegenwart. Vortrag auf der 5. Internationalen Erlanger Graduiertenkonferenz „PostModerne De/Konstruktionen", Erlangen-Nürnberg 2002, S. 11. Vgl. den Text von Thomas Ernst auf dessen Internetseite: <http://www.thomasernst.net/downloads>. Datum des Zugriffs: 13.12.2010.
[272] Ebd.

Tocotronic die Sprache des Widerstands, mit dem „Fernziel" des „Umsturzes", „ohne dass zugleich ein Anspruch auf Widerständigkeit"[273] besteht. Denn hinter der codierten Sprache verbergen sich Reflexionen zur Kunst und damit einhergehend Überführungen der Protestbekundungen in selbstreflexiv vorgeführte, künstlerische Konzeptionen, die, vor der Folie des gescheiterten Protests des Grunge und der Hamburger Schule auf die Auslotung der Möglichkeiten von zeitgenössischen Protestbekundungen von Popmusik beziehungsweise von Kunst zielen. In den Musikalben *Pure Vernunft darf niemals siegen* und *Kapitulation* ist nun eine „Änderung" beziehungsweise „Störung" der „Diskursformationen" auf zweifacher Ebene festzustellen. Auf Ebene der Diegese wird in den Songs von *Pure Vernunft darf niemals siegen*, mit dem noch erkennbaren „Fernziel" des „Umsturzes", der romantische und eskapistische Lebensentwurf der als defizitär empfundenen Gesellschaft gegenübergestellt, während in den Songs von *Kapitulation* eben das Konzept der Kapitulation propagiert wird, um die defizitäre Gesellschaft und deren Kontroll- und Machtmechanismen zu unterwandern. Auf Metaebene, das schließt nunmehr auch das Album *Schall und Wahn* mit ein, weil hier die Reflexionen zur Kunst besonders deutlich hervortreten, besteht die „Störung" beziehungsweise „Veränderung" der Diskursformation hauptsächlich in der Hinterfragung, in der Anzweifelung des Widerstands durch Kunst[274], und zugleich im Versuch, in Anbetracht der These vom Verlust der rebellischen und widerständigen Funktion von Popmusik[275], kritische Standpunkte einzunehmen und eine Korrektivfunktion neu auszuhandeln beziehungs-weise zu reaktivieren:

> „Dieses trotzdem der Kunst, dem Anything goes mit Skepsis zu begegnen und dennoch die Möglichkeiten individueller Standpunkte auszuloten, bezeichnet meines Erachtens das Substrat der untersuchten Kulturen der Kritik."[276]

Widersprüche und Selbstzweifel avancieren in Folge dessen zu elementaren Bestandteilen der zeitgenössischen Kunst beziehungsweise Popmusik. Tocotronic, so ist zu unterstellen, sind sich darüber bewusst, dass die Kunst letztendlich nicht mehr hergibt

---

[273] Petras: Dialektik der Auflösung, im Erscheinen.

[274] Diesbezüglich stellt der Song *Kapitulation* einen Höhepunkt dieser Entwicklung dar, weil in diesem das dialektische Verhältnis von Affirmation und Negation hinsichtlich gegenkultureller Haltungen besonders hervortritt.

[275] Aktuell wird die These in einer kürzlich veröffentlichten Aufarbeitung der Popgeschichte von Gerd Gebhardt und Jürgen Stark vertreten. Vgl. Gerd Gebhardt u. Jürgen Stark: Wem gehört Die Popgeschichte? Musikkultur im neuen Jahrtausend. Berlin 2010.

[276] Petras: Dialektik der Auflösung, im Erscheinen.

als eine kleinste „Aussaat von Widerstandspunkten quer durch die gesellschaftlichen Schichtungen und die individuellen Einheiten"[277], wie Foucault einst sagte.

4. Schlussbemerkungen

Die Ergebnisse der Analyse der ausgewählten Songtexte bestätigen die eingangs formulierte Arbeitshypothese, dass Tocotronic vor dem Hintergrund des Scheiterns der Protestbekundungen des Grunge und der Hamburger Schule daran interessiert sind, die Möglichkeitsbedingungen von zeitgenössischer Kritik und zeitgenössischem Protest reflexiv auszuhandeln. Zwar lassen sich viele der Songs auf der Textoberfläche als Protestsongs oder als Songs der Verweigerung lesen, die allesamt, dabei allerdings recht vage, gesellschaftskritische Elemente beinhalten. Doch schon in den analysierten Songtexten des Albums *Pure Vernunft darf niemals siegen* zeichnete sich die Tendenz ab, dass die eigenen Protestbekundungen permanent kritisch hinterfragt werden und Reflexionen zur Kunst im allgemeinen und zur Popmusik beziehungsweise zur Pop-Lyrik im speziellen in den Mittelpunkt rücken. Diese Entwicklung wurde in der Analyse der Songtexte des Albums *Kapitulation* besonders deutlich, da sich hinter jedem Songtext zum Teil dadaistisch geprägte, metatextuelle und selbstreferenzielle Überlegungen verbergen, die in ihrer Gesamtheit die sinnstiftende Funktion von Kunst hinterfragen. In den Songtexten des Albums *Schall und Wahn* erreicht die Entwicklung ihren vorläufigen Höhepunkt, und die Protestbekundungen weichen recht augenscheinlich weitestgehend den Reflexionen zur Kunst und der Frage nach der Ästhetik des popkulturellen Widerstands.

Was die Einordung dieser Forschungsergebnisse in die bisherige Erforschung der Songtexte von Tocotronic anbelangt, kann konstatiert werden, dass eine analytisch fundierte Bestätigung der zentralen These von Ole Petras und darüber hinaus ein detaillierter Einblick in die Funktionsweise und Konstitution der Songtexte von Tocotronic erfolgte. Die Arbeit versteht sich daher als ein vertiefender Beitrag zur Erforschung einer sich neu herausbildenden Kultur der Kritik.

Die methodische Herangehensweise, einerseits das Hauptaugenmerk auf die Protest-bekundungen und die Reflexionen zur Kunst zu legen, andererseits die reflexiven, ironischen, subversiven und intertextuellen Elemente der Songtexte eine besondere

---

[277] Michel Foucault: Sexualität und Wahrheit. In: ders.: Der Wille zum Wissen, Band 1. Aus dem Franz. von Ulrich Raulff und Walter Seitter. 1. Aufl., Frankfurt am Main 1983, S. 118.

Aufmerksamkeit zu schenken, erwies sich im Rahmen dieser Arbeit als geeignet, um die Idiome der Kritik Tocotronics und die Songtexte als solche sinnvoll und somit literaturwissenschaftlich fruchtbar erschließen zu können. Im Rahmen einer breiter angelegten Arbeit, etwa einer Doktorarbeit, ist es dennoch zweckmäßig eine Analyse aller Songs beziehungsweise aller Songtexte eines Musikalbums von Tocotronic vorzunehmen. Denn in solch einem Rahmen ist es einerseits möglich, eine dezidierte Einbeziehung der musikalischen Aspekte zu erbringen, die hier nur marginal angedeutet werden konnten, was durchaus zu weiteren aufschlussreichen Ergebnissen führen könnte. Andererseits lassen sich in den in dieser Arbeit nicht berücksichtigten Songtexten der genannten Musikalben von Tocotronic weitere Motive finden, die nicht in unmittelbarem Zusammenhang mit Protestbekundungen oder Reflexionen zur Kunst stehen, dessen literaturwissenschaftliche Herausarbeitung dennoch ebenso ertragreich wäre. Der Songtext von „Angel" des Albums *Pure Vernunft darf niemals siegen* könnte auf das romantische Liebesideal der Höchstrelevanz des Anderen hin untersucht werden. In dem Songtext von „Tag der Toten" vom gleichen Album werden vermehrt biblische beziehungsweise mythologische Aspekte literarisch produktiv gemacht, die genauer zu analysieren wären. In den Songtexten von „Imitationen" und „Wir sind viele" des Albums *Kapitulation* könnte beispielsweise dem Diskurs des Verschwinden des Ichs respektive der Auslöschung von Identität im Zuge der Postmoderne nachgegangen werden und die Songtexte von „Eure Liebe tötet mich" und „Gift" des Albums *Schall und Wahn* wären etwa auf die vereinnahmende und domestizierende Funktion der Liebe hin zu betrachten. Dies sind nur einige Beispiele für weitere, herauszuarbeitende Motive.

Generell bietet es sich bei einer breiter angelegten Analyse der Songtexte von Tocotronic auch an, auf postmoderne beziehungsweise poststrukturalistische Theorien zurückzugreifen und diese anhand der Songtexte zu belegen, da sich die Songtexte wie teilweise angedeutet offensichtlich an dem französischen Poststrukturalismus um Foucault, Lyotard, Barthes oder Deleuze orientieren.

Außerdem wäre ein verstärkt soziologischer Blick auf die Songtexte sinnvoll, da in den Songtexten eine gegenkulturelle Haltung zum Zeitgeist eingenommen wird. So beispielsweise in den Songtexten des Albums *Kapitulation* oder in dem des Songs „Macht es nicht selbst" des Albums *Schall und Wahn*, die sich in ihrer Gesamtheit gegen den medial verbreiteten Produktivitätswahn, den Neoliberalismus oder den auferlegten Zwang der Selbstverwirklichung auflehnen, wie sie etwa durch die großangelegte, sogenannte Social-Marketing-Kampagne *Du bist Deutschland* vermittelt wurden.[278]

Darüber hinaus ist es sicherlich noch ergiebig, den paratextuellen Ansatz im Sinne einer intermedialen Studie weiter auszubauen, um somit dem kompletten Booklet oder den Musikvideos eine höhere Aufmerksamkeit zu schenken.

Nicht zuletzt ist es in einer solchen, größer angelegten Doktorarbeit darüber hinaus auch möglich einen dezidierten Blick auf weitere Künstler aus der Popmusik zu legen, die wie Tocotronic eine differenziert zu betrachtende „Aussaat von Widerstandspunkten"[279] erkennen lassen. Jochen Distelmeyer, der ehemalige Sänger der Band Blumfeld, veröffentlichte beispielsweise 2009 sein Soloalbum *Heavy*[280]. Wie auch bei Tocotronic wird in den Songtexten von Distelmeyer ein selbstreferenzielles Spiel mit dem Zeichenrepertoire des Widerstandes deutlich, aus dem sich letztendlich jedoch keine genuin kritische oder gar widerständige Haltung ableiten lässt. Vielmehr wird die gegenkulturelle Selbstverortung hinterfragt und es werden künstlerische Konzeptionen und Reflexionen zur Kunst transparent gemacht.[281] Im Kontext der ehemaligen Hamburger Schule und der sich herausbildenden, besonderen Kultur der Kritik ist auch die Band Goldene Zitronen erwähnenswert. Ihre letzten beiden Musikalben *Lenin*[282] und *Die Entstehung der Nacht*[283] beinhalten Songtexte, die sich einerseits direkt auf das mediale Feld und auf die eigene Verortung in der Gegenkultur, andererseits auf weltpolitische Ereignisse, wie die Wirtschaftskrise, beziehen lassen. Dabei produzieren die Songtexte bewusst „Selbstwidersprüche einer dissidenten und zugleich um *political correctness* bemühten (Gegen-)Kultur."[284] Die bei den Goldenen Zitronen beobachtbare Ausgleichsbewegung äußere sich laut Petras in einer doppelten Negation: Weder die strikte Ablehnung der Bundesrepublik noch die einfache Affirmation zur Bundes-

---

[278] Hartmut El Kurdi von der *TAZ* kritisierte beispielsweise an der Kampagne, dass mittels einer „neoliberalen Wundertüte" die „von Depressionen und Zukunftsängsten geschüttelten Deutschen wieder auf gute Laune getrimmt werden" würden, während die Verantwortung von Staat und Wirtschaft für das „Schicksal des Landes" dabei auf den Einzelnen abgeschoben werde. Vgl. Hartmut El Kurdi: Ton, Steine, Bertelsmann. In: TAZ vom 29.09.2005.
[279] Foucault: Sexualität und Wahrheit, S. 118.
[280] Jochen Distelmeyer: CD *Heavy*, Columbia/Sony 2009.
[281] Vgl. Petras: Dialektik der Auflösung, im Erscheinen.
[282] Die Goldenen Zitronen: CD *Lenin*, Buback 2006.
[283] Die Goldenen Zitronen: CD *Die Entstehung der Nacht*, Buback 2009.
[284] Petras: Dialektik der Auflösung, im Erscheinen.

republik und zu den Konzepten Nation oder Kapitalismus „sind dem heutigen Grad der Ausdifferenzierung angemessen".[285] Stattdessen werden eben immanente Widersprüche in der Gegenkultur benannt. Die österreichische und inzwischen in Berlin ansässige Band Ja, Panik benennt „Konflikte, Gegensätze und Widersprüche!" als Hauptmerkmale einer kritischen und dissidenten Haltung. So heißt es auf ihrer Internetseite in einer programmatischen Erklärung zur ihrem Musikalbum *The Taste and the Money*[286] wie folgt:

> „Wir müssen uns glühend, glanzvoll und freigiebig verschwenden! Der Exzess, der Rausch, die Raserei muss uns treiben. Wir sind Feinde der Ordnung. Wir lieben den Bodensatz, das unverbildete, zerrissene Leben das sich unter der schönen Oberfläche dieser Stadt finden lässt. Schimpft uns Voyeure, denn das sind wir. Was bleibt ist der Ekel am Morgen danach, die intensivste, ja schmerzhafteste Form der Realität. Das ist der Nullpunkt, hier können wir ansetzen.[…] Beharrt immer darauf: ICH MUSS MICH NICHT ENTSCHEIDEN! […] Und jetzt ein Wort zu dir, over-sophisticated Pop-Diskursler: auch deine Ideen sind bankrott, ihnen fehlt der Humor. Humor würde dir und deinem Geschreibe Tore öffnen. Zerstöre, brüskiere, verhöhne, onaniere auf deine Sprachgebilde, bitte, mach nur. Wir verstehen ja zum Teil die Notwendigkeit. Aber: LACHE! Lache über uns, wenn du schon nicht über dich selbst lachen kannst. […] Ein JA und NEIN, ein DA und DORT! Konflikte, Gegensätze und Widersprüche!"[287]

Diese und weitere Inhalte des „Programm[s] in sechs Punkten", dem Tocotronic vermutlich ihre Zustimmung verleihen würden, lassen sich auch in den Songtexten des Albums *The Taste and the Money* als auch in denen des aktuelleren Albums The *Angst and the Money*[288] wieder finden. Die genannten Künstler beziehungsweise Künstlergruppen, deren Konzeptionen hier nur angedeutet werden können, stellen wie Tocotronic eine besondere Form der Gesellschaftskritik und des Widerstands dar und zugleich zur Disposition, dessen Erforschung ebenso fruchtbar sein und letztendlich dazu führen könnte, dass das Forschungsfeld Popmusik beziehungsweise Songtexte zukünftig von der Literaturwissenschaft weiter erschlossen wird.

---

[285] Ebd.
[286] Ja, Panik: CD *The Taste and the Money*, Schoenwetter/Broken Silence 2007.
[287] Vgl. das „Programm in sechs Punkten" auf der Internetseite von Ja, Panik: <http://ja-panik.com/thetasteandthemoney/index.html>. Datum des Zugriffs: 22.12.2010.
[288] Ja, Panik: CD *The Angst and the Money*, Staatsakt (rough trade) 2009.

5. Literaturverzeichnis

Primärliteratur

Dante Alighieri: Die Göttliche Komödie. Aus dem Ital. von Hermann Gmelin. Mit Anm. und einem Nachwort von Rudolf Baehr. Stuttgart 2007.

Faulkner, William: Schall und Wahn. Aus dem Engl. von Helmut M. Braem und Elisabeth Kaiser. Stuttgart 1956.

Huysmans, Joris-Karl: Gegen den Strich. Aus dem Franz. von Brigitta Restorff. Mit einem Nachwort von Ulla Momm. 3. Aufl., München 2007.

Melville, Herman: Bartleby, der Schreiber. Eine Geschichte aus der Wallstreet. Aus dem Amerik. von Jürgen Krug. Frankfurt am Main 2004.

Novalis: Heinrich von Ofterdingen. In: ders.: Werke, Tagebücher und Briefe Friedrich von Hardenbergs. Bd.1: Das dichterische Werk, Tagebücher und Briefe. Hg. von Richard Samuel. München/Wien 1978, S. 237-413.

Shakespeare, William: Macbeth. Hg. von Rex Gibson. 2. Aufl., Cambridge/Stuttgart 2005.

Weiss, Peter: Die Ästhetik des Widerstands. Hg. von Alexander Stephan. 1. Aufl., Frankfurt am Main 1983.

Sekundärliteratur

Bachmann-Medick, Doris: Cultural Turns: Neuorientierungen in den Kulturwissenschaften. Reinbek 2006, S. 104-142.

Backes-Haase, Alfons: „Wir wollen triezen, stänkern, bluffen…" Dada-Manifestantismus zwischen Zürich und Berlin. In: „Die ganze Welt ist eine Manifestation. Die Europäische Avantgarde und ihre Manifeste. Hg. von Wolfgang Asholt und Walter Fähnders. Darmstadt 1997, S. 256-274.

Barthes, Roland: Mythen des Alltags. Aus dem Franz. von Helmut Scheffel. 1. Aufl., Frankfurt am Main 1993.

Baßler, Moritz: Texte und Kontexte. In: Handbuch Literaturwissenschaft, Bd. 1: Gegenstände und Grundbegriffe. Hg. von Thomas Anz. Stuttgart 2007, S. 355-370.

Baßler, Moritz: Rammsteins Cover-Version von Stripped. Eine Fallstudie zur deutschen Markierung angelsächsischer Popmusik. In: Mitteilungen des Deutschen Germanistenverbandes 52 (2005), Heft 2: Songs. Hg. von Eric Achermann u. Guido Naschert. S. 218-232.

Baßler, Moritz: Watch out for the American subtitles! Zur Analyse deutschsprachiger Popmusik vor angelsächsischem Paradigma. In: Pop-Literatur. Ed. Text + Kritik. Hg. von Heinz Ludwig Arnold. München 2003, S. 279-292.

Baßler, Moritz: Der deutsche Pop-Roman. Die neuen Archivisten. München 2002.

Behrens, Roger: „Blumfeld mit Kante. Postrock und Diskurspop in der sogenannten Hamburger Schule". In: Musikwissenschaft und populäre Musik. Versuch einer Bestandsaufnahme. Hg. von Helmut Rösing. Frankfurt am Main 2002.

Bürger, Peter: Der Französische Surrealismus. Studien zur avantgardistischen Literatur. Um neue Studien erweiterte Ausgabe. Frankfurt am Main 1996.

Bessing, Joachim (Hg.): Tristesse Royale. Das popkulturelle Quintett mit Joachim Bessing, Christian Kracht, Eckhart Nickel, Alexander v. Schönburg und Benjamin v. Stuckrad-Barre. Berlin 1999.

Burdorf, Dieter: Einführung in die Gedichtanalyse. Stuttgart 1995.

Büsser, Martin: Popmusik. 2. Aufl., Hamburg 2002.

Büsser, Martin: „Ich steh auf Zerfall". Die Punk und New Wave Rezeption in der deutschen Literatur. In: Pop-Literatur. Ed. Text + Kritik. Hg. von Heinz Ludwig Arnold. München 2003, S. 149-157.

Cabanne, Pierre: Gespräche mit Marcel Duchamp. Köln 1972.

Dahl, Erhard u. Dürkob, Carsten (Hg.): Rock-Lyrik. Exemplarische Analysen englischsprachiger Song-Texte. Essen 1989.

Deleuze, Gilles: Bartleby oder die Formel. Aus dem Franz. von Bernhard Dieckmann. Berlin 1994.

Deleuze, Gilles: Postskriptum über die Kontrollgesellschaften. In: ders.: Unterhandlungen 1972-1990. Aus dem Franz. von Gustav Roßler. Frankfurt am Main 1993, S. 254-262.

Diederichsen, Diedrich: Subversion - Kalte Strategie und heiße Differenz. In: ders.: Freiheit macht arm. Das Leben nach Rock'n'Roll 1990-93. Köln 1993, S. 33-52.

Diederichsen, Diedrich: Sexbeat. 1. Aufl., Köln 2002.

Diederichsen, Diedrich: The Kids are not alright, Vol IV - Oder doch? Identität, Nation, Differenz, Gefühle, Kritik und der ganze andere Scheiß. In: Freiheit macht arm. Das Leben nach Rock'n'Roll 1990-93. Köln 1993, S. 253-283.

Eco, Umberto: Postmodernismus, Ironie und vergnügen. In: Wege aus der Moderne. Schlüsseltexte der Postmoderne-Diskussion. Hg. von Wolfgang Welsch. Weinheim 1988, S. 75-78.

Ernst, Thomas: Subversion - Eine kleine Diskursanalyse eines vielfältigen Begriffs. In: Psychologie & Gesellschaftskritik (2008), Heft 4, S. 9-34.

Ernst, Thomas: Ein Gespenst geht um. Der Begriff der Subversion in der Gegenwart. Vortrag auf der 5. Internationalen Erlanger Graduiertenkonferenz „PostModerne De/Konstruktionen", Erlangen-Nürnberg 2002.

Faulstich, Werner: Rock - Pop - Beat - Folk. Grundlagen der Textmusik-Analyse. Tübingen 1978.

Fiedler, Leslie A.: Überquert die Grenze, schließt den Graben! In: Wege aus der Moderne. Schlüsseltexte der Postmoderne-Diskussion. Hg. von Wolfgang Welsch. Weinheim 1988, S. 57-74.

Fischer, Björn: Die Lyrik der späten Hamburger Schule (1992-1999) - Eine intermediale Untersuchung. München/Ravensburg 2007.

Foucault, Michel: Folter ist Vernunft. Gespräch mit K. Boesers. In: ders.: Dits et Ecrits / Schriften 3 1976-1979. Hg. von Daniel Defert und François Ewald. Aus dem Franz. von Michael Bischoff u.a., Frankfurt am Main 2003, S. 505-514.

Foucault, Michel: Sexualität und Wahrheit. In: ders.: Der Wille zum Wissen, Bd. 1. Aus dem Franz. von Ulrich Raulff und Walter Seitter. 1. Aufl., Frankfurt am Main 1983.

Foucault, Michel: Überwachen und Strafe. Die Geburt des Gefängnisses. Aus dem Franz. von Walter Seitter. 1. Aufl., Frankfurt am Main 1976.

Foucault, Michel: Wahnsinn und Gesellschaft. Eine Geschichte des Wahns im Zeitalter der Vernunft. Aus dem Franz. von Ulrich Köppen. 1. Aufl., Frankfurt am Main 1995.

Foucault, Michel: Was ist Aufklärung. In: Ethos der Moderne. Foucaults Kritik der Aufklärung. Hg. von Eva Erdmann, Rainer Forst u. Axel Honneth. Frankfurt am Main/New York 1990, S. 35-54.

Frank, Dirk: „Die Nachfahren der Gegengegenkultur. Die Geburt der Tristesse Royale aus dem Geiste der achtziger Jahre". In: Pop-Literatur. Ed. Text + Kritik. Hrsg. Heinz Ludwig Arnold. München 2003, S. 218-234.

Frey, Hans-Jost: Über das Spiel. In: ders.: Der unendliche Text. Frankfurt am Main 1990, S. 263-294.

Friedrich, Hugo: Die Struktur der modernen Lyrik von Baudelaire bis zur Gegenwart. Hamburg 1956.

Fukuyama, Francis: Das Ende der Geschichte. Wo stehen wir? Aus dem Amerikan. von Helmut Dierlamm. München 1992.

Gebhardt, Gerd u. Stark, Jürgen: Wem gehört Die Popgeschichte? Musikkultur im neuen Jahrtausend. Berlin 2010.

Genette, Gérard: Paratexte: Das Buch vom Beiwerk des Buches. Aus dem Franz. von Dieter Hornig. Mit einem Vorwort von Harald Weinrich. Frankfurt am Main 1989.

Germann, Lars: „Eine eigene Geschichte" - Frühe Songtexte der Hamburger Diskurspop-Gruppe Blumfeld aus literaturwissenschaftlicher Sicht. Aachen 2009.

Goffman, Erving: Rahmenanalyse. Frankfurt am Main 1977.

Heiser, Jörg: Die Wohlfahrtsausschüsse. In: Im Zentrum der Peripherie. Kunstvermittlung und Vermittlungskunst in den 90er Jahren. Hg. von Marius Babias. Dresden 1995, S. 251-266.

Hetzel, Andreas u. Wiechens, Peter: Eine erste Vorrede zur Überschreitung. In: dies.: George Bataille. Vorreden zur Überschreitung. Würzburg 1999, S. 7-14.

Holert, Tom u. Terkessidis, Mark (Hg.): Mainstream der Minderheiten. Pop in der Kontrollgesellschaft. 1. Aufl., Berlin 1996.

Jacke, Christoph: Die millionenschweren Verweigerer. Anti-Starkult in der Darstellung ausgesuchter Printmedien. Eine exemplarische Inhaltsanalyse. Münster 1996.

Kant, Immanuel: Kritik der reinen Vernunft. In: ders.: Werke in sechs Bänden, Bd. 2. Hg. von Wilhelm Weischedel. Darmstadt 1956.

Köhler, Peter: Die schönsten Zitate der Politiker. Baden-Baden 2005.

Lyotard, Jean François: Das postmoderne Wissen. Ein Bericht. Aus dem Französischen von Otto Pfersmann. Hg. von Peter Engelmann. 3., unveränderte Neuauflage, Wien 1994.

Madsen, Karen Hvidtfeldt: Widerstand als Ästhetik. Peter Weiss und Die Ästhetik des Widerstands. Aus dem Dän. von Ursula Kleinen und Monika Wesemann. 1. Aufl., Wiesbaden 2003.

Marschall, Brigitte: Öffentlicher Raum als theatraler Raum. Praktiken des Gehens und Strategien der Stadtnutzung. In: Inszenierung und Ereignis. Beiträge zur Theorie und Praxis der Szenografie. Hg. von Ralf Bohn u. Heiner Wilharm. Bielefeld 2009, S. 171-188.

Mellmann, Katja: Helden aus der Spielzeugkiste. Zu einem Motiv in den Texten der Neuen Deutschen Welle. In: Mitteilungen des Deutschen Germanistenverbandes 52 (2005), Heft 2: Songs. Hg. von Eric Achermann u. Guido Naschert. S. 254-275.

Neubacher, Alexander: Du bist ein Tocotronic. In: Visions (1996), Heft 46, S. 62-64.

Neuhaus, Andrea: Kommentar zu Heinrich von Ofterdingen. In: Novalis: Heinrich von Ofterdingen. Mit einem Kommentar von Andreas Neuhaus. Frankfurt am Main 2007, S. 193-254.

Peters, Eric: Tocotronic, die Pop-Linken und Ich. In: Popjournalismus. Hg. von Jochen Bonz, Michael Büscher u. Johannes Springer. Mainz 2005, S. 142-162.

Petras, Ole: Dialektik der Auflösung. Zu den Idiomen der Kritik im deutschsprachigen Independent. In: Kulturen der Kritik. Mediale Gegenwartsbeschreibungen zwischen Pop und Protest. Dresden 2010, im Erscheinen.

Rancière, Jacques: Das Unvernehmen: Politik und Philosophie. Aus dem Franz. von Richard Steurer. Frankfurt am Main 2002.

Rehfeldt, Martin: Von Lyrics zu Lyrik. Möglichkeiten und Konsequenzen einer Gattungstransformation am Beispiel von Dirk von Lowtzows Lyrikband Dekade 1993-2007. In: Transitträume. Beiträge zur deutschsprachigen Gegenwartsliteratur. Hg. Von Andreas Bartl. Augsburg 2009, S. 149-198.

Rolf, Thomas: „Vom Subjekt auf den Siedepunkt". Zur Phänomenologie der Ekstase bei Ludwig Klages und George Bataille. In: George Bataille. Vorreden zur Überschreitung. Hg. von Andreas Hetzel u. Peter Wiechens. Würzburg 1999, S. 113-132.

Rousseau, Jean-Jaques: Vom Gesellschaftsvertrag. In: Bibliothek der Philosophie, Bd. 15. Aus dem Franz. von Johann Heinrich Gottlieb Heusinger. Hg. von Alexander Heine. Essen 1997.

Sartre, Jean-Paul: Saint Genet, Komödiant und Märtyrer. Gesammelte Werke in Einzelausgaben. Schriften zur Literatur, Bd. 4. Hg. von Traugott König. Hamburg 1982.

Schlegel, Friedrich: Athenäums-Fragmente. In: ders.: Kritische Ausgabe. Hg. von Ernst Behler. Zweiter Band: Charakteristiken und Kritiken I (1796-1801). Hg. von Hans Eichner, München u.a. 1967, S. 165-255.

Schreiber, Rafael: Lyrik zwischen Liebe und Politik. Der Rocksong bei Ton Steine Scherben - eine Analyse. Hamburg 2008.

Schulz, Gerhard: Romantik. Geschichte und Begriff. 3. Aufl., München 2008.

Schwarz, Arturo: The complete works of Marcel Duchamp. London 1997.

Seiler, Sascha: „Das einzig wahre Abschreiben der Welt". Pop-Diskurse in der deutschen Literatur nach 1960. Göttingen 2006.

Sontag, Susan: Anmerkungen zu Camp. In: dies.: Kunst und Antikunst. 24 exemplarische Analysen. Frankfurt am Main 1982, S. 322-341.

Sontag, Susan: Gegen Interpretation. In: dies.: Kunst und Antikunst. 24 exemplarische Analysen. Frankfurt am Main 1982, S. 11-22.

Sozialistisches Patientenkollektiv (Hg.): Aus der Krankheit eine Waffe machen. Eine Agitationsschrift des Sozialistischen Patientenkollektivs an der Universität Heidelberg. Mit einem Vorwort von Jean-Paul Sartre. München 1972.

Stiegler, Christian: Nur ein Wort. Methode zur Analyse von Songtexten und Überblick über ihre literarische Entwicklung in deutschsprachiger Popmusik. Wien 2009.

Titzmann, Michael: Skizze einer integrativen Literaturgeschichte und ihres Ortes in einer Systematik der Literaturwissenschaft. In: ders.: Modelle des literarischen Strukturwandels. Tübingen 1991, S. 395-438.

Urban, Peter: Rollende Worte - die Poesie des Rock. Von der Straßenballade zum Pop-Song. Eine wissenschaftliche Analyse der Pop-Song-Texte. Frankfurt am Main 1979.

Verlan, Sascha: SchlagZeilen - PunchLines. Vermittlung von Nachrichten in Rap-Texten. In: Mitteilungen des Deutschen Germanistenverbandes 52 (2005), Heft 2: Songs. Hg. von Eric Achermann u. Guido Naschert, S. 286-297.

von Lowtzow, Dirk u.a.: Dekade 1993-2007. Köln 2007.

Walter, Michael (Hg.): Text und Musik. Neue Perspektiven der Theorie. München 1992.

Wittenberg, Dierck: Die Mühlen des Rock und die Diskurse des Pop. In: Popjournalismus. Hg. von Jochen Bonz, Michael Büscher u. Johannes Springer. Mainz 2005, S. 22-34.

Zeitungs- und Zeitschriftenartikel

Dath, Dietmar: Studienabbruch, Kündigung, Erlösung. Die neue „Tocotronic". In: FAZ vom 07.07.2007.

Diedrich Diederichsen: Die License zur Nullposition. In: TAZ vom 07.08.2000.

Diedrich Diederichsen: Die Gegengegenkultur. 68 war Revolte 77 war Punk - warum nur 68 zum Mythos wurde. In: SZ vom 24.2.2001.

Diederichsen, Diedrich: The Kids are not alright. In: SPEX (1992), Heft 11, S. 28-34.

Diez, Georg: Die Romantik war ihr Schicksal. In: DIE ZEIT vom 24.05.2007.

El Kurdi, Hartmut: Ton, Steine, Bertelsmann. In: TAZ vom 29.09.2005.

Peitz, Dirk: Deutsche Popmusik. Tausend Tränen tief. In: SZ vom 30.06.2007.

Schneider, Markus: Die beste Band der Welt. In: Berliner Zeitung vom 20.01.2010.

Risselmann, Kirsten: Der Gang durch den Spiegel. In: TAZ vom 21.01.2005.

Ziemer, Jürgen: „So jung kommen wir nicht mehr zusammen. In: Rolling Stone (2007), Heft 7, S. 53-66.

Internetquellen (chronologisch)

<http://www.laut.de/Tocotronic>. Datum des Zugriffs: 14.08.2010.

<http://www.tagesspiegel.de/kultur/pop/ich-muss-mich-vom-internet-fernhalten-aus-selbstschutz/1666412.html>. Datum des Zugriffs: 17.08.2010.

<http://www.taz.de/1/archiv/digitaz/artikel/?ressort=ku&dig=2010/01/16/a0037&cHash=eeaa8bae68>. Datum des Zugriffs: 17.08.2010.

<http://www.musicline.de>. Datum des Zugriffs: 20.08.2010.

<http://www.spiegel.de/kultur/musik/0,1518,673245,00.html>. Datum des Zugriffs: 21.08.2010.

<http://www.taz.de/?id=archiv&dig=2007/07/03/a0011>. Datum des Zugriffs: 21.08.2010.

<http://www.uni-muenster.de/Practices-of-Literature/Organisation/huber.html>. Datum des Zugriffs: 04.09.2010.

<http://indiepedia.de/index.php?title=Digital_Ist_Besser>. Datum des Zugriffs: 15.09.2010.

<http://www.sueddeutsche.de/muenchen/tocotronic-in-der-tonhalle-ironie-beherrschen-wir-nicht-1.24174>. Datum des Zugriffs: 27.09.2010.

<http://www.tocotronic.de/videothek/let-there-be-rock/>. Datum des Zugriffs: 09.10.2010.

<http://www.youtube.com/watch?v=S61MPfYzivw>. Datum des Zugriffs: 15.10.2010.

<http://strassenauszucker.blogsport.de/images/strassenauszucker4.pdf>. Datum des Zugriffs: 17.10. 2010.

<http://www.tocotronic.de/videothek/aber-hier-leben-nein-danke/>. Datum des Zugriffs: 19.10.2010.

<http://www.tocotronic.de/videothek/gegen-den-strich/>. Datum des Zugriffs: 24.10.2010.

<http://www.welt.de/welt_print/article1001868/Widerstand_ist_zwecklos.html>. Datum des Zugriffs: 29.10.2010.

<http://www.tocotronic.de/videothek/mein-ruin>. Datum des Zugriffs: 03.11.2010.

<http://www.tocotronic.de/videothek/kapitulation/>. Datum des Zugriffs: 07.11.2010.

<http://on3.de/element/4493#/element/4493>. Datum des Zugriffs: 15.11.2010.

<http://www.petzel.com/exhibitions/2006-01-19_de-rijke-de-rooij/#>. Datum des Zugriffs: 17.11.2010.

<http://www.welt.de/die-welt/kultur/article5926377/Die-Blumen-des-Bloedelns.html>. Datum des Zugriffs: 17.11.2010.

<http://www.stern.de/kultur/musik/tocotronic-im-interview-im-jahre-2020-fliegen-wir-zum-mond-1537064.htm>. Datum des Zugriffs: 24.11.2010.

<http://www.allmusic.com/explore/essay/hardcore--thrash-t542>. Datum des Zugriffs: 24.11.2010.

<http://www.bloom.de/articles/article_008592_php4.htm>. Datum des Zugriffs: 27.11.2010.

<http://www.thomasernst.net/downloads>. Datum des Zugriffs: 13.12.2010.

<http://ja-panik.com/thetasteandthemoney/index.html>. Datum des Zugriffs: 22.12.2010.

6. Anhang:

Inhaltsverzeichnis

1. Songtexte: Pure Vernunft darf niemals siegen

Erscheinungsdatum: 1. August 2005
Veröffentlichungsform: CD, DoLP
Label: L'Age D'Or
Musik: Tocotronic
Text: Tocotronic
Produktion: Moses Schneider
Studio: Mamasweed Studio, Berlin
Coverart: Tocotronic und Stephan Abry (2005)

ABER HIER LEBEN, NEIN DANKE

Ich mag's wenn sich die Wut entfacht
Und ich mag Deine Zaubermacht
Ich mag die Tiere nachts im Wald
Wenn sie flüstern, daß es schallt
Ich mag den Weg, ich mag das Ziel
Den Exzess, das Selbstexil
Ich mag erschaudern und nicht zu knapp
Ich gebe jedem etwas ab

All das mag ich
All das mag ich

Ich mag die Wolken und den Wind
Ich mag das Licht, das du mir bringst
Wenn Du Dich um mich bemühst
Wenn der Wahnsinn flammend grüßt
Wenn die Träume Funken sprühen
Und die weißen Blumen blühen
Ich mag die Engel, kurz vor dem Fall
Diamanten aus dem All

All das mag ich

All das mag ich

Aber hier leben, Nein Danke

Ich mag die Spiegelung der Luft

Und wenn die Sehnsucht nie verpufft

Den Glanz des Lebens in einem Tag

Ich mag den Zweifel, der an mir nagt

Wenn meine Angst mich schnell verläßt

Wenn wir irren, nachts im Kreis

Eine Bewegung gegen den Fleiß

All das mag ich

All das mag ich

Aber hier leben, Nein Danke

Aber hier leben, Nein Danke

Aber hier leben, Nein Danke

Aber hier leben, Nein Danke

KEINE ANGST FÜR NIEMAND

Hier gibt es keine Angst

Für niemand

Jetzt wo das Mondlicht kommt

Den alten Weg entlang

Die Tiere stehen am Straßenrand

Wir sehen uns wieder irgendwann

Hier gibt es keine Angst
Für niemand
Jetzt wo der Morgen kommt

Den alten Weg entlang
Gestalten stehen am Straßenrand
Wir sehen uns wieder irgendwann
Hier gibt es keine Angst

Für niemand
Jetzt wo der Nachtwind weht
Werden wir uns wieder sehen
Den alten Weg entlang
Die Zäune stehen am Straßenrand
Hier gibt es eine Angst
Hier gibt es keine Angst
Ein ganzes Leben lang
Ein ganzes Leben lang

GEGEN DEN STRICH

Ich denke an das, was Du empfiehlst:
„Talente borrows, Genius steals"
An das was Du mir anvertraust:
„Wähle Dir Deine Fallen aus"
Ich glaub ich kanns erst jetzt verstehen
Wir müssen durch den Spiegel gehen
Danke auch für den versuch
Das hier ist kein Wörterbuch

Du streichst mir über

Mein Gesicht

Gegen die Welt

Gegen den Strich

Meine Liebe

Dein Verzicht

Gegen die Welt

Gegen den Strich

Völker! Auf zum Gefecht!

Die Illusion wird Menschenrecht

Ich bin nicht allein in meiner Sucht

Vor den Spießern auf der Flucht

Du denkst an mich

Ich denk' an Dich

Gegen die Welt

Gegen den Strich

Und unser Denken

Verbündet sich

Gegen die Welt

Gegen den Strich

Jeden Morgen, jede Nacht

Jeden Morgen, jede Nacht

Jeden Morgen, jede Nacht

Jeden Morgen, jede Nacht

Du strichst mir über

Mein Gesicht

Gegen die Welt

Gegen den Strich

Meine Liebe

Dein Verzicht

Gegen die Welt

Gegen den Strich

PURE VERNUNFT DARF NIEMALS SIEGEN

Pure Vernunft darf niemals siegen

Wir brauchen dringend neue Lügen

Die uns durchs Universum leiten

Und uns das Fest der Welt bereiten

Die das Delirium erzwingen

Und uns in schönsten Schlummer singen

Die uns vor stumpfer Wahrheit warnen

Und tiefer Qualen sich erbarmen

Die uns in Bambuskörben wiegen

Pure Vernunft darf niemals siegen

Pure Vernunft darf niemals siegen

Wir brauchen dringend neue Lügen

Wie uns den Schatz des Wahnsinns zeigen

Und sich danach vor uns verbeugen

Und die zu Königen uns krönen

Nur um uns heimlich zu verhöhnen

Und die uns in die Ohren zischen

Und über unsere Augen wischen

Die die, die uns helfen wollen bekriegen

Pure Vernunft darf niemals siegen

Pure Vernunft darf niemals siegen

Wir brauchen dringend neue Lügen

Die unsere Schönheit und erhalten

Uns aber tief im Inneren spalten

Viel mehr noch, die uns fragmentieren

Und danach zärtlich uns berühren

Und uns hinein ins Dunkel führen

Die sich unserem Willen fügen

Uns uns wie weiche Zähne biegen

Pure Vernunft darf niemals siegen

Wir sind so leicht, daß wir fliegen

Wir sind so leicht, daß wir fliegen

Wir sind so leicht, daß wir fliegen

Wir sind so leicht, daß wir fliegen

ICH HABE STIMMEN GEHÖRT

Ich habe Stimmen gehört

Ich habe Dinge gesehen

Die waren so schön

Wie nichts in der Welt

Ich habe die Schwelle gekreuzt

In die Unendlichkeit

Der Weg war weit

Ich war wie Treibholz der Zeit

Ich habe Stimmen gehört

Ich hab ins Dunkel gesehen

Es konnte bestehen

Wie nichts auf der Welt

Nur wer die Stimme verstellt

Wird endlich frei sein und gehen

Ich hab' ins Dunkel gesehen

Ich hab' ins Dunkel gesehen

Ich habe Wunden gesehen

Ich habe Stimmen gehört

Ich war wie verstört

Vom Anblick der Welt

Ich hab die Schwelle gekreuzt

In die Unendlichkeit

Der Weg war weit

Ich wollt ihn gehen

Ich habe Feuer gesehen

Und habe Feuer gesehen

Ich wollte dazwischen gehen

Alles wird umgeweiht

In eine Herrlichkeit

Jetzt bin ich bereit

Ich fürchte nichts weit und breit

Ich werde frei sein und gehen

Zur nächsten Station

2. Songtexte: Kapitulation

Erscheinungsdatum: 6. Juli 2007

Veröffentlichungsform: CD, CD Limited + DVD, DoLP

Label: Vertigo (Universal)

Musik: Tocotronic

Text: Tocotronic

Produktion: Moses Schneider

Studio: Chez Chèrie, Berlin

Coverart: Henrik Olesen „After Thomas Eakins" (2007)

MEIN RUIN

MEIN RUIN das ist zunächst
Etwas das gewachsen ist
Wie eine Welle die mich trägt
Und mich dann unter sich begräbt
Mein Ruin ist was mich zieht
Wiederholung als Prinzip
Ein Zusammenbruch
Ein Fall
Ein Versuch
Ein Donnerhall
Mein Ruin ist Heiligtum
Diebstahl und Erinnerung
Geboren aus Unsicherheit
Freude und Zerbrechlichkeit
Mein Ruin ist Unverstand
Kein Märtyrer nur Komödiant
Nur aus Kälte und Distanz
Verleih ich mir den Lorbeerkranz
Mein Ruin ist mein Bereich
Denn ich bin nicht einer von euch
Mein Ruin ist was mir bleibt
Wenn alles andere sich zerstäubt
Mein Ruin das ist mein Ziel
Die Lieblingsrolle die ich spiel
Mein Ruin ist mein Triumph
Empfindlichkeit und Unvernunft

Eine Befreiung
Eine Pracht
Sanfter als die tiefste Nacht

Die ab jetzt für immer bleibt

Und ihre eigenen Lieder schreibt

Mein Ruin ist mein Bereich

Denn ich bin nur einer von euch

Mein Ruin ist was mir bleibt

Wenn alles andere sich betäubt

Mein Ruin ist weiterhin

Eine Arbeit ohne Sinn

Etwas das man nie bereut

Eine Abgeschiedenheit

Mein Ruin ist nur verbal

Feigheit vor dem Feind

Der Qual

Der Trauer und der tiefen Not

Mein größtes Glück

Ein tiefes Rot

Mein Ruin ist mein Bereich

Denn ich bin einer unter euch

Mein Ruin ist was mir bleibt

Wenn alles andere sich zerstäubt

Mein Ruin das ist zunächst

Etwas, das gewachsen ist

Wie eine Welle die mich trägt

Und mich dann unter sich begräbt

KAPITULATION

Und wenn du kurz davor bist

Kurz vor dem Fall

Und wenn du denkst

Fuck it all

Und wenn du nicht weißt
Wie soll es weitergehen
KAPITULATION

Und wenn du denkst
Alles ist zum speien
Und so wie du jetzt bist
Willst du überhaupt nicht sein
Wenn du dir sicher bist
Niemand kann dich je verstehen
KAPITULATION

Und wenn du traurig bist
Und einsam und allein
Wenn die Welt in Schlaf versunken ist
Du wirst es nie bereuen
Wenn du denkst: Fuck it all
Wie soll es weitergehen
KAPITULATION

Die Vögel im Baum
Sie kapitulieren
Die Füchse im Bau
Sie kapitulieren
Die Wölfe im Gehege
Sie kapitulieren
Die Stars in der Manege
Sie kapitulieren
Alle die die Liebe suchen
Sie müssen kapitulieren
Alle die die Liebe finden
Sie müssen kapitulieren

Alle die disziplinieren
Sie müssen kapitulieren
Alle die uns kontrollieren
Sie müssen kapitulieren
Alle die uns deprimieren
Sie müssen kapitulieren
Lasst uns an alle appellieren
Wir müssen kapitulieren
KAPITULATION

SAG ALLES AB

Sag alles ab
Geh einfach weg
Halt die Maschine an und
Frag nicht nach dem Zweck

Spreng deine Ketten in die Luft
Und lass das Scheusal mal zu Hause
Die Prüfung findet heute nicht statt
Die Karriere macht mal Pause

Sag alles ab
Wirf alles weg
Halt die Maschine an und
Frag nicht nach dem Zweck

Reiß deine Fesseln doch entzwei
Und lass das Dreckschwein mal zuhause
Die Zeit der Schmerzen ist vorbei
Die Karriere macht mal Pause

Sag alles ab
Geh einfach weg
Halt die Maschine an und
Frag nicht nach dem Zweck

DU MUSST NIE WIEDER
IN DIE SCHULE GEHEN
DU WIRST DAS LICHT
DEINES LEBENS VOR DIR SEHEN
DU MUSST DICH DOCH NICHT
BEMÜHEN BEMÜHEN
DIE BÄUME WERDEN DOCH
AUCH VON SELBER GRÜN

Sag alles ab
Geh einfach weg
Halt die Maschine an und
Frag nicht nach dem Zweck

LUFT

Die Luft ist so nutzlos
Um mich herum
So schön vergeht jetzt
Ein Millenium
Ja, ich habe heute
Nichts gemacht
Ja, meine Arbeit
Ist vollbracht

ICH ATME NUR

ICH ATME NUR

Genau wie jetzt, nur ein
Bisschen anders wird es sein
Sei schlau
Und kleb die Bilder ein
Ja, ich habe heute
Nichts gemacht
Ja meine Arbeit
Ist vollbracht

ICH ATME NUR
ICH ATME NUR

Und jetzt weiter im Text
Neue Fehler warten
Steine liegen auf dem Weg
Ich leg sie rüber in den Garten
Ich warte bis es dunkel ist
Und ich sehe die Schatten fliegen
Ich warte bis es dunkel es
Das Nutzlose wird siegen
Das Nutzlose bleibt liegen
Also züchte ich mir Staub
Entschuldigung
Das hab ich mir erlaubt

Und jetzt weiter im Text:
Neue Wege gehen
Ich weiß ich werde jetzt
Jedem zu Verfügung stehen
Ich gehen wenn der Tag beginnt

Und ich sehe die Schatten fliegen

Ich gehe wenn der Tag beginnt

Das Nutzlose wird siegen

Das Nutzlose bleibt liegen

Also laufe ich durch Laub

Entschuldigung

Das hab ich mir erlaubt

EXPLOSION

Kannst Du vor Deinen Augen

Die Explosionen sehen?

Ein Feuerwerk in der Nacht

Kannst Du in den Pfützen

Die Wolkenfetzen sehen?

Spiegel in der Innenstadt

Kannst Du in den Bäumen

Die Tonbandfetzen sehen?

Wer hat sie dorthin gebracht?

ALLES GEHÖRT DIR

EINE WELT AUS PAPIER

ALLES EXPLODIERT

KEIN WILLE

TRIUMPHIERT

3. Songtexte: Schall und Wahn

Erscheinungsdatum: 22. Januar 2010

Veröffentlichungsform: CD, CD Limited, DoLP

Label: Vertigo

Musik: Tocotronic

Text: Tocotronic

Produktion: Moses Schneider

Studio: Chez Chèrie, Berlin

Coverart: Jeroen de Rijke, Willem de Rooij „Bouquet IV" (2005)

DIE FOLTER ENDET NIE

Die Folter endet nie

Wir werden

Dennoch siegen

Wir haben kein

Gefühl mehr

Wenn wir auf der

Streckbank liegen

Eine Lanze

Für den Widerstand

Ein Tanz für die

Ästhetik

Eine Flanke gegen die

Gegebenheiten und

Von heute an

Leben wir ewig

Die Folter endet nie

Doch unser Schmerz

Verschwindet

Der Fluchtpunkt ist
In Sicht
Auch wenn ihr uns
Die Augen bindet

Eine Lanze
Für den Widerstand
Ein Tusch vertreibt
Polemik
Eine Flanke gegen die
Gegebenheiten und
Von heute an
Leben wir ewig

Die Folter endet nie
Wir sind für sie
Geboren
Zu dieser
Schicksalssymphonie
Werden wir alle
In der Hölle schmoren

Eine Lanze
Bricht die große Angst
Wir sind innerlich
Beschädigt
Eine Flanke gegen den
Gesunden Menschenverstand
Von heute an
Leben wir ewig

DAS BLUT AN MEINEN HÄNDEN

Das Blut an meinen Händen
Ist von dir
Ich habe es nicht selbst vergossen
Ich war zu feige
Zu verdrossen
Ich brauchte dich dafür

Das Blut in den Gedanken
Ist von dir / Ich habe dich mir angeeignet
Einverleibt
Und ausgebeutet
Alles was ich weiß,
Weiß ich von dir

Der Mut in den Gedanken
Ist von dir
Du bist hier
Der Dichter
Und ich bin dein Vernichter
Ich danke dir dafür

Du schönster Neid!
Du schönste Gier!
Schönste Feigheit!
Bleibt bei mir!

Das Blut an meinen Händen
Ist von dir
Ich habe es nicht selbst vergossen
Ich war zu feige

Zu verdrossen

Ich brauchte dich dafür

SCHALL UND WAHN

Schall und Wahn

Ich bin euch Untertan

Ich bin euch zugeteilt

Ich bin ein Teil des Teils

Schall und Wahn

Ich bin ich euch zugetan

Ich bin in eurer Macht

Ihr habt mich ausgedacht

Schall und Wahn

Ihr schreitet mir voran

Ich bin ein Einzelton

In eurer Division

Schall und Wahn

Ihr habt mir wehgetan

Der Schlachtruf ist verhallt

Die Kräfte schwinden bald

Schall und Wahn

Doch noch ist nichts vertan

Und wenn ihr wiederkehrt

Kehr ich zurück

Schall und Wahn

Ihr habt es kundgetan

Es kommt ein Menschenkind

Das keine Reue kennt

Das sich Verräter nennt

Und sich zu euch bekennt

Das zu mir rüberrückt

Zu Perversion und Glück
Schall und Wahn
Ihr habt mir Leid getan
Der Schlachtruf ist verhallt
Die Kräfte schwinden bald
Schall und Wahn
Die Zeit ist nicht vertan
Und wenn ihr wiederkehrt
Dann komm ich mit
Schall und Wahn
Ihr habt mir wehgetan
Der Schlachtruf ist verhallt
Die Kräfte schwinden bald
Schall und Wahn
Doch noch ist nichts vertan
Und wenn ihr wiederkehrt
Dann komm ich mit
Schall und Wahn
Ich flehe euch heute an
In euer Angesicht
Bitte
Verlasst
Mich
Nicht

KEINE MEISTERWERKE MEHR

Keine Meisterwerke mehr
Die Zeit ist längst schon reif dafür
Was wir niemals zu Ende bringen
Kann kein Moloch je verschlingen
Kann kein Hummer in die Zange nehmen

Kein Wind in alle Welt vertreiben

Und in feinstem Unvernehmen

Werden wir ohne Reue weiter...

Und aus tausenden Gerüchten

Werden wir die Zweifelshefe züchten

Die uns alle nährt

Dann gibt es

Keine Meisterwerke mehr

Keine Meisterwerke mehr

Keine Meisterwerke mehr

STÜRMT DAS SCHLOSS

Ausgesperrte

Stürmt das Schloss

Weggesperrte

Stürmt das Schloss

Ungewollte

Stürmt das Schloss

SDS

 D

 SDS

Anormale

Stürmt das Schloss

Ausgeflippte

Stürmt das Schloss

Abgeschaffte

Stürmt das Schloss

SDS
  D
  SDS

Durchquert
Den endlosen Sand
Teilt das durstige Meer
Jagt der Narrheit
Hinterher

Durchstreift das karstige Land
Teilt das durstige Meer
Treibt das Irrsal
Bis hierher

SDS
  D
  SDS

Ihr seid alle
Superstars
Hand in Hand
In den
Zone-Wars
Gitarren
Schlagzeug
Stimmen
Bass
Euch eint
Nettigkeit
Und Hass

SDS

  D

  SDS

GESANG DES TYRANNEN

Gesang des Tyrannen:

„Sei mir willkommen

Mein Verlangen

Und ein flammendes

Inferno grüßen dich

Auf das

Allerherzlichste

Was einst Farce war

Wird Geschichte

In diesem Sinne

Lass mich singen

Das Spiel möge

Beginnen"

Gesang des Tyrannen:

„Sei mir willkommen!

Mein Bangen

Und ein flammendes Inferno

Grüßen dich

Meine Herrschaft

Beherrscht mich

Wer einst klar sah

Hat Gesichte

In diesem Sinne

Lass mich dichten

Und diesen Staat

Vernichten""

In mir brennt das
Ewige Feuer
Kalt
Modern
Und teuer

In mir strahlt das
Ewige Licht
Doch dahinter
Gibt es
Nichts

Gesang der Tyrannen:
„Sei uns willkommen
Leierklang
Und ein flammendes
Inferno grüßen dich
Auf das
Allerzärtlichste
Was einst wahr war
Wird erdichtet
Mit dünnen Stimmen
Lasst uns singen
Das Spiel möge beginnen"

In mir brennt das
Ewige Feuer
Kalt
Modern
Und teuer

In mir strahlt das
Ewige Licht
Doch dahinter
Gibt es
Nichts
Außer mir

BITTE OSZILLIREN SIE

Bitte oszillieren Sie
Zwischen den Polen
Bumms! Und Bi!
Bitte oszillieren Sie
Bitte oszillieren Sie
Bitte oszillieren Sie
Hin und Her
Und wild wie nie
Bitte oszillieren Sie
Bitte oszillieren Sie
Bitte oszillieren Sie
Zu dieser Zwitter-
Melodie
Bitte oszillieren Sie
Bitte oszillieren Sie
Bitte oszillieren Sie
Im Sinne
Der Ideologie
Bitte oszillieren Sie
Bitte oszillieren Sie
Bitte oszillieren Sie

Zwischen den Polen

Bumms! Und Bi!

Bitte oszillieren Sie

Bitte oszillieren Sie

Bitte oszillieren Sie

Zwischen Trübsinn

Und Genie

Bitte oszillieren Sie

Bitte oszillieren Sie

So sanft ist das Gesetz:

Bitte legen Sie

Nichts fest

Das Regime ist

So bescheiden:

Sie müssen nichts

Entscheiden

Bitte oszillieren Sie

Zwischen den Polen

Bumms! Und Bi!

Bitte oszillieren Sie

Bitte oszillieren Sie

Bitte oszillieren Sie

Ping-Pong

Ohne Hierarchie

Bitte oszillieren Sie

Ich bitte Sie!

Genießen Sie!

IM ZWEIFEL FÜR DEN ZWEIFEL

Im Zweifel für den Zweifel
Das Zaudern und den Zorn
Im Zweifel fürs Zerreißen
Der eigenen Uniform

Im Zweifel für den Zweifel
Und für die Pubertät
Im Zweifel gegen Zweisamkeit
Und Normativität

Im Zweifel für den Zweifel
Und gegen allen Zwang
Im Zweifel für den Teufel
Und den zügellosen Drang

Im Zweifel für die Bitterkeit
Und meine heißen Tränen
Bleiern wird mir meine Zeit
Und doch muss ich erwähnen:

Im Zweifel für Ziellosigkeit
Ihr Menschen, hört mich rufen!
Im Zweifel für Zerwürfnisse
Und für die Zwischenstufen

Im Zweifel für den Zweifel
Das Zaudern und den Zorn
Im Zweifel fürs Zerreißen
der eigenen Uniform

Im Zweifel für Verzärtelung
Und für meinen Knacks
Für die äußerste Zerbrechlichkeit
Für einen Willen wie aus Wachs

Im Zweifel für die Zwitterwesen
Aus weit entfernten Sphären
Im Zweifel fürs Erzittern
Beim Anblick der Chimären

Im Zweifel für die Bitterkeit
Und meine heißen Tränen
Bleiern wird mir meine Zeit
Mir bleibt noch zu erwähnen:

Im Zweifel für Ziellosigkeit
Ihr Menschen hört mich rufen!
Im Zweifel für Zerwürfnisse
Und für die Zwischenstufen

Im Zweifel für den Zweifel
Das Zaudern und den Zorn
Im Zweifel fürs Zerreißen
der eigenen Uniform

Im Zweifel für den Zweifel
Und die Unfassbarkeit
Für die innere Zerknirschung
Wenn man die Zähne zeigt

Im Zweifel fürs Zusammenklappen

Vor gesamtem Saal

Mein Leben wird Zerrüttung

Meine Existenz Skandal

Im Zweifel für die Bitterkeit

Und meine heißen Tränen

Bleiern wird mir meine Zeit

Jetzt muss ich noch erwähnen:

Im Zweifel für Ziellosigkeit

Ihr Menschen, hört mich rufen!

Im Zweifel für Zerwürfnisse

Und für die Zwischenstufen

4. Sonstige Songtexte von Tocotronic

Wir sind hier nicht in Seattle, Dirk (Digital ist besser, L'Age D'Or 1995)

Sie hat zwei Beine

und sie hat zwei Augen

und aus denen kann sie schauen

und sie schaut zu mir

Und ich bin alleine

und hab' kein Vertrauen

und kann Melodien klauen

und sie sagt zu mir

Wir sind hier nicht in Seattle, Dirk

und werden es auch niemals sein.

Wir sind hier nicht in Seattle, Dirk

Was bildest Du Dir ein
Was nicht ist kann niemals sein

Ich spring' über meinen Schatten
und sie hat gut lachen
Was machst Du denn für Sachen
Was kann ich dafür

Und alles was wir hatten
und alles was wir machen.
Schätzchen laß es krachen
und komm zu mir.

Wir sind hier nicht in Seattle, Dirk
und werden es auch niemals sein.
Wir sind hier nicht in Seattle, Dirk
Was bildest Du Dir ein
Was nicht ist kann niemals sein

Über Sex kann man nur auf Englisch singen (Digital ist besser, L'Age D'Or 1995)

Über Sex kann man nur auf Englisch singen
allzu leicht kann's im Deutschen peinlich klingen
Doch gibt's ein Verlangen zu beschreiben
den Teufel mit dem Beelzebub vertreiben
Und Ihr wißt ich rede von bestimmten Dingen
Über Sex kann man nur auf Englisch singen

Über Frauen kann man schlecht im Deutschen fluchen
man sollte es nicht versuchen
Und doch wenn man sucht was man begehrt
wird das Suchen fluchenswert

Und Ihr wißt ich rede von bestimmten Dingen
Über Sex kann man nur auf Englisch singen

Über Sehnsucht kann man nur schlechte Lieder schreiben
Man neigt doch sehr dazu zu übertreiben
Und doch man tut es ungefähr
Mit jedem Lied ein bißchen mehr

Und Ihr wißt ich rede von bestimmten Dingen
Über Sex kann man nur auf Englisch singen

Ich bin neu in der Hamburger Schule (Nach der verlorenen Zeit, L'Age D'Or 1995)

Ich bin neu in der Hamburger Schule
und ich kenn' mich noch nicht so gut aus
Ich bin gerade in die erste Klasse gekommen
und ich weiß noch nichts genau

Ich bin neu in der Hamburger Schule
und bin gerade erst weg von zuhaus'
Die Lehrer sind alle ganz nett hier
und die meisten meiner Mitschüler auch

Ich bin neu in der Hamburger Schule
Neu in der Hamburger Schule

Ich bin neu in der Hamburger Schule
und es gefällt mir hier eigentlich ganz gut
Die Klassenzimmer sind angenehm dunkel
und es gibt Bier als Pausenbrot

Ich bin neu in der Hamburger Schule

und lern' kein Griechisch und kein Latein
Und trotzdem scheint mir die Hamburger Schule
'ne Eliteschule zu sein

Ich bin neu in der Hamburger Schule
Ich bin neu in der Hamburger Schule

Ich bin neu in der Hamburger Schule
und vielleicht komm' ich hier nie wieder raus
Vielleicht werde ich nie meinen Abschluß machen
denn hier gibt es ja immer Applaus

Sie wollen uns erzählen (Es ist egal aber, L'Age D'Or 1997)

Sie wollen uns erzählen
Sie hätten eine Seele
Sie wollen uns glauben machen
Es gäbe was zu lachen
Sie wollen ganz bestimmt
Daß wir glücklich sind
Und unsere Leidenschaft
Ist ihnen rätselhaft

Sie wollen uns erzählen
Wir sollen uns nicht mehr quälen
Und sie sind schon zufrieden
Wenn wir die Kurve kriegen
Denn für unser Selbstmitleid
Haben sie keine Zeit

Let there be Rock (K.O.O.K., L'Age D'Or 1999)

Wir haben gehalten
in der langweiligsten Landschaft der Welt
Wir haben uns unterhalten
und festgestellt, daß es uns hier gefällt

Die Ausbeutung des Menschen
erreicht eine neue Qualität
Und wie man allerorten hört
wird die Gartenbaukunst hier noch gerne gepflegt

Ich höre dich sagen
mehr leise als laut:
„Das haben sich die Jugendlichen
selbst aufgebaut"

Let there be Rock
Let there be Rock
Let there be Rock

Und alles was wir hassen
seit dem ersten Tag
Wird uns niemals verlassen
weil man es eigentlich ja mag

Ich höre dich sagen
mehr leise als laut
„Das haben sich die Jugendlichen
selbst aufgebaut"

Let there be Rock

Let there be Rock
Let there be Rock

Herrgott noch mal
Nur noch eine Stunde
Nur noch einen Tag
Let there be Rock
Verflixt noch mal
Let there be Rock
Let there be Rock

Neues vom Trickser (Tocotronic, L'Age D'Or 2002)

Neues vom Trickser
etwas von mir
als einem Übersetzer
zwischen den Türen.
Als eine Art Benutzer
des Dagegen-seins
an Orten wie diesen
die gemacht sind für uns zwei.
Eines ist doch sicher:
Eins zu eins ist jetzt vorbei.
Wir sind wie Agenten
jetzt ist es soweit.
Neues vom Trickser
der einen Tob-Job macht
als ein Übersetzer
zwischen Tag und Nacht.
Als eine Art Verführer
des Dazwischen-seins

mit Worten wie diesen

die gemacht sind für und zwei.

Eines ist doch sicher:

Eins zu eins ist jetzt vorbei.

Wir sind wie Agenten

jetzt ist es soweit.

Eines ist doch sicher:

Eins zu eins ist jetzt vorbei.

5. Manifest zu Kapitulation (2007)

Kapitulation. Das schönste Wort in deutscher Sprache. Kapitulation. Wie Töne die Tonleiter hinauf, so gleiten die Silben die Zunge hinab. Viel mehr als das ordinäre Scheitern ist die Kapitulation vor allem dies: ein Zerfall, ein Fall, eine Befreiung, eine Pracht, eine Hingabe, die endgültige Unterwerfung, die größte aller Niederlage und gleichzeitig unser größter Triumph. Mit der Gitarre in der Hand und dem Lorbeerkranz auf der Stirn sind wir tief in die Unterwelt gereist und auf die allerschönste Weise daraus hervorgegangen. Unser Besuch in der Vorhölle war die Voraussetzung für das Gelingen unserer Vorhaben: Der Ausbruch aus der Festung. Monatelang sind wir herum gestolpert, komatös, doch auf den Beinen. Draußen auf den Wiesen und Feldern sind wir durch den frischen Tau geschlurft, flüchtig und ungehorsam. Wir staunten und waren voller Glück und wir wussten: Keinesfalls würden wir uns wieder ihren Blicken aussetzen, wie die Wölfe im Gehege oder die Stars in der Manege. Wir müssten nie wieder zeigen, was wir konnten und müssten nie wieder sagen, was wir dachten. Wir würden nur die Kälte spüren wie sie uns an den Kopf greift. Wir würden unsere eigene Nutzlosigkeit genießen. Wir würden uns in Luft auflösen. Wir würden einfach atmen. Kapitulation. Die absolute Niederlage, die endgültige Unterwerfung, die totale Hingabe. Dadurch werden wir so stark lieben können und so stark geliebt werden, dass wir wie Imitationen des jeweils Anderen werden. Alles, was einmal unser war, wird von uns abfallen, aber auch alle Sorgen, alle Qualen. Wir werden uns gegen uns selbst verschwören, wie alle Geister, die es tun. Viel mehr noch, wir werden Krieg gegen uns selbst führen. Wenn wir am Boden sind, werden wir einfach liegen bleiben, und das wird unser größter Trost sein. Wir werden die Augen schließen und ein Feuerwerk in der Nacht sehen. Alles in uns, um uns und um uns herum wird explodieren, alle Türen werden durch Zauberhand geöffnet werden, und kein Wille wird triumphieren. Wir werden irre sein, wir werden zornig sein, und wir werden den Leugnern in ihre Gesichter spucken! Wir werden in Besitz der magischen Formel sein: Fuck It All. Kapitulation ist alles, und wir alle müssen kapitulieren. Wir werden viele sein, jeder einzelne von uns, und wir werden unter euch sein. Niemand von uns wird über einen sagen können, er sei dies oder das. Wir werden uns gegenseitig ein Fanal sein. Und wir werden mit der ganzen Welt in Verbindung stehen, mit Menschen, Tieren, Pflanzen und Mineralien.

In uns werden Stimmen laut werden und für uns im Chor singen. Ein neues Lied, ein neues Glück.

Quelle: Tocotronic: Vinyl Single *Sag alles ab*, Buback 2007.